Für Entdecker

Jennifer und Peter Glas

ROADTRIP

Eine Liebesgeschichte

Von München nach Wladiwostok – und zurück,
zwei, drei Umwege inklusive

Mit sechs großen Karten, vielen Fotografien
und der ein oder anderen erstaunlichen Erkenntnis

REISEDEPESCHEN

Der Verlag dankt diesen großartigen Menschen für ihre Crowdfunding-Unterstützung:
Alexander Rigó, Alexandra Falke, Andreas Huttenlocher, Andreas Jerg, Anne Grobbel, Aputi!, Ariane Kovac, Axel & Bea Bauer, B. Hager, Benedikt Weichel, Bettina Pohlmann, Birgit Diehm, Björn Michelmann, Brit und Nico (Das große Abenteuer), Bruno Schulz, Carsten von rv ez1.global, Christian Schwede, Christiane, Christina Hillmer, Christoph Schreitl, Claudia Schmidt, Johannes Hehlmann, Daria Willner, Desiree Gorges, Dina Dennerlein, Dominik Mohr, Doreen Reichmann, Dr. Wolfgang Reinert, Elke Weiler, Familie Wilkens, Felix Doepmann, Franziska Bär, Franziska Bartholdi – eine Weltenbummlerin, für Hans, Gesa Neitzel, Gundula Kraus, Gunnar Matz, Hendrik Neumann, Herzerquicklich, I. Ostendorf, Ika Rapka, Isabel Gutberlet, Jana Ludwig, Jenny Bormann, Jens, Julia Otto, Karin Lochner, Katharina Weigl, Katharina Zimmermann, Katja und Christian Allermann, Katrin und Manuel und Emily, Katrin Lehr, Kerstin, Kerstin Maier, Kerstin Raczak, Kirsten Klaus-Thiele und Dirk Thiele, Kocherscheidt Kommunikation, Lars Hoegen, Laura Droße, Leo Sibeth, Linda Trepper, Linda Wurst, Littlebluebag.de, Manuel Tschischka, Marco Rasp, Maren Ehlers, Marie Lehmann, Mario Ender, Marion Schäfer (escape-from-reality.de), Markus, Markus Helbling, Mathias Conrad, Matthias Brand, Matthias Küpper, Melly @mellyike, Michael Buller, Nathalie Soursos, Nic Hildebrandt, Nicole Brune-Gelardi, Noni, Oleander Auffarth, Oli Bähr, out of office (oooyeah.de), Peter und Anne Boss (Murten/Schweiz), Peter Hüftlein, Peter Mühldorfer, Ralf Petit, René Bayer, Ricarda Rausch, Robert Schwänz, Roderich Pedersen, Roland Fischer, Romy Mlinzk, Sabrina Cremer, Sandra Franz, Sandro Schachner, Sebastian Canaves (Off The Path), Silke und Andreas Braam, Silke von der Nahmer, Silvia und Tilmann Vorholz, Sonya Schlenk, Stefan Gesele, Stefani und Jonathan Hontschik, Stephanie Horvath und Erich Neuner, Stephanie Silber, Susan Manthey, Susann Bieda, Susanne und Dirk, Susanne Flachmann, Susi Maier, Svenja Goebel, Sybille Strackerjan, Theodor Evert, Thierry Kemmer, Thilo Krämer, Thomas Wuscher, Thomas_yvr, Tim Terhaag, Tina Leitner, Tobias Hagemeister, Tobias Ilg, Tomás Llobet, Toni Ser, Ulla Klaus, Valeria Dubrowina, Victoria Grimm, Vielen Dank für das spannende Abenteuer! Helmut Heindl, Volker Rux, Zita Stölting

Originalausgabe
Erste Auflage, Berlin im September 2018

Verantwortlich für das Lektorat war Verena Simon. Gestaltung und Herstellung sowie die Karten lagen in den Händen von Johannes Klaus. Die Abbildungen auf dem Umschlag stammen von den Autoren und Kunal Kelkar, das Titelbild wurde am Strand von Agonda in Indiens Bundesstaat Goa aufgenommen. Das Buch wurde in der Brandon Grotesque von Hannes von Döhren und der FF Franziska von Jakob Runge gesetzt. Druck und Bindung übernahm Aprinta Druck in Wemding. Gedruckt wurde auf Tauro Offset und Peydur Lissé, hergestellt aus chlorfrei gebleichtem Zellstoff aus nachhaltiger Waldwirtschaft.

Bibliografische Information der Deutschen Nationalbibliothek
Die Deutsche Nationalbibliothek verzeichnet diese Publikation in der Deutschen Nationalbibliografie; detaillierte bibliografische Daten sind im Internet über http://dnb.dnb.de abrufbar.

Printed in Germany
ISBN 978-3-96348-000-3

Für Frida

34 Länder. 30 Monate. 55 000 Kilometer.

PROLOG / 8

ITALIEN / 12

KROATIEN / 20

BOSNIEN UND HERZEGOWINA / 24

GRIECHENLAND / 32

TÜRKEI / 34

IRAN / 64

OMAN / 92

SRI LANKA / 100

INDIEN / 110

NEPAL / 136

INDIEN, DER NORDEN / 148

MYANMAR / 196

KAMBODSCHA / 210

LAOS / 214

MALAYSIA / 218

RUSSLAND / 222

MONGOLEI / 234

EPILOG / 252

PRAKTISCHE INFORMATIONEN / 257

RUSSLAND
MONGOLEI
WLADIWOSTOK
SÜDKOREA
JAPAN
IRAN
NEPAL
DUBAI
OMAN
INDIEN
MUMBAI
MYANMAR
LAOS
THAILAND
KAMBODSCHA
VIETNAM
SRI LANKA
MALAYSIA
SINGAPUR
INDONESIEN
BALI

JEN Ich sitze am Ufer des Pazifiks an der wilden Ostküste Russlands, im fernen Sibirien, unweit der Hafenstadt Wladiwostok. Ich blicke auf das Meer und mit unbestimmter Sehnsucht beobachte ich die großen Schiffe in der Ferne. Neulich wurden wir gefragt, warum wir das eigentlich machen, diese Reise. Nach kurzem Überlegen kam ich zu einer zugegebenermaßen trivialen Antwort:

WEIL ES KEINEN GRUND GIBT, ES NICHT ZU TUN.

Manchmal muss etwas gar nicht kompliziert sein. Doch um aufzubrechen, mussten wir vor gut zwei Jahren unseren ganzen Mut zusammennehmen.

Es ist Frühsommer. Peter und ich sitzen in einem kleinen Lokal in Haidhausen, meinem Münchner Viertel. Wir halten uns beide verkrampft an unseren Weingläsern fest und blicken nervös auf die Platzdeckchen auf dem Tisch. Was tun wir da eigentlich?, fragen wir uns immer wieder kopfschüttelnd. Sind wir wahnsinnig? Mein Herz klopft. Irgendetwas tanzt in meinem Bauch. Ich trinke einen sehr großen Schluck. Wir kennen uns gerade einmal viereinhalb Monate. Zugegeben – für die Kürze der Zeit recht gut. Reicht das aus, um sich gemeinsam in ein Abenteuer zu stürzen? Wir haben nie zusammen gewohnt. Was zur Hölle mache ich da?

Vor uns auf dem Tisch liegt ein handgeschriebener Kaufvertrag. Es geht um einen Truck, einen fast 30 Jahre alten Unimog-Van, einen Siebeneinhalbtonner! Er soll unser erstes gemeinsames Zuhause werden. Geht das gut? Wir wollen damit nach Osten fahren, bis es nicht mehr weitergeht – oder solange wir Freude daran haben. Kann ich das einfach so machen? Kann ich nach viereinhalb Monaten einen gemeinsamen Lebensabschnitt *on the road* planen? Kann ich einfach meinen sicheren Job kündigen? Meinen beruflichen Werdegang unterbrechen, oder gar beenden? Meine Sicherheit aufgeben? Kann ich meine großzügige Wohnung gegen sieben Quadratmeter Wohnraum eintauschen? Kann ich alles zurücklassen, um mich mit diesem Mann in die Welt aufzumachen? Ich schaue ihn an. Wir müssen lachen. Wir sind uns einig: Wir können. *Hell, yeah!*

Als Peter und ich uns kennenlernen, befinden wir uns in einer ähnlichen Lebensphase. Wir sind fleißig. Wir leben in Basel beziehungsweise in München. Wir haben wundervolle Freunde. Wir reisen gerne. Wir haben uns ausgetobt. Wir sind beruflich erfolgreich – auch wenn wir unsere Tätigkeiten in regelmäßigen Abständen hinterfragen. Wir sind aktiv. Wir können am Ende des Monats etwas Geld zur Seite legen. Wir bezeichnen uns als glücklich.

Die Tatsache, dass wir uns kennengelernt haben, bereichert unser beider Leben unverhofft. Die Welle dieses Glücks und unsere Dankbarkeit dafür verwandeln wir vom ersten Tag an in positive Energie und wagen einen neuen Lebensabschnitt. Wir sind uns darüber bewusst, dass es genügend Gründe gäbe, all das nicht zu tun. Doch wir wissen, dass es für uns in diesem Moment keinen einzigen Grund gibt, es nicht zu tun. Ich bin an diesem regnerischen Abend 35 Jahre alt, Peter ist 40. Wir stehen in der Mitte unseres Lebens. Wir möchten diese Reise jetzt wagen, die Welt sehen, wie sie ist. Wir möchten unsere Vorstellungen bestätigen – oder berichtigen.

DOCH VOR ALLEN DINGEN WOLLEN WIR UNS SELBST KENNENLERNEN.

Wir möchten viel Zeit miteinander verbringen – mehr als unser derzeitiges Leben erlauben würde. Wir möchten herausfinden, was Freiheit bedeutet und wie wir damit umgehen. Auch was es bedeutet, weniger zu haben, einfacher zu leben. Wir möchten wissen, wie wir als Team funktionieren und aneinander wachsen. Wir möchten leben und uns spüren und bewegen. Wir möchten reduzieren, den Ballast abwerfen und uns freimachen. Wir möchten das Geschehene hinterfragen. Wir möchten uns nicht verändern, aber wir möchten uns gemeinsam entwickeln. Und vielleicht möchten wir am Ende sagen, dass alles gut ist, wie es vor der Reise war – und uns gewaltig darüber freuen. Wir möchten lernen, von uns selbst, voneinander und von dieser Welt.

Und so stehen wir ganz am Anfang einer sehr langen Straße, die uns vielleicht eine Richtung weist – uns aber nicht zwingend an ein Ziel bringen muss. ◇

ITALIEN

Unser Highlight: Unsere Hochzeit in Venedig

Schönster Stellplatz: Ein Agriturismo in Bassano del Grappa: N 45° 47.03′, E 11° 43.9′

1 Liter Diesel: Euro 1,40

Besonderheit: Das Leitungswasser ist stark gechlort und selbst gefiltert nicht wirklich trinkbar. Italien ist ein Campingparadies: Wer beim Packen etwas vergessen hat – hier gibt es einfach alles!

Straßenqualität: ★★★★★★★★☆☆

SLOWENIEN

Unser Highlight: Der Lake Bohinj im Triglav Nationalpark

Schönster Stellplatz: Camp Zlatorog am Lake Bohinj

1 Liter Diesel: Euro 1,23

Besonderheit: Die teuerste Autobahn-Maut während unserer gesamten Reise. Besser Landstraßen fahren, die sind allerdings von mäßiger Qualität.

Straßenqualität: ★★★★★★★☆☆☆

KROATIEN

Unser Highlight: Die Wanderung über den Strand von Orebić bis auf den höchsten Gipfel (961 Meter) der Halbinsel Pelješac

Schönster Stellplatz: Hinter dem Haus von Ivans Großmutter

1 Liter Diesel: Euro 1,22

Besonderheit: Die Polizisten mögen Unimogs. Wir müssen mehrmals halten, um deren Neugier zu stillen.

Straßenqualität: ★★★★★★☆☆☆☆

BOSNIEN UND HERZEGOWINA

Unser Highlight: Sarajevo

Schönster Stellplatz: Irgendwo in den Hügeln um Jajce

1 Liter Diesel: Euro 0,85

Besonderheit: Es gibt einen praktischen Campingplatz mitten in Sarajevo, von dem man zu Fuß oder mit der Tram in die Innenstadt kommt.

Straßenqualität: ★★★★★★★★★★ (6 von 10)

MONTENEGRO

Unser Highlight: Der Strand und die Dünen, der Mix aus Kirchtürmen und Minaretten

Schönster Stellplatz: Am Strand bei Ulcinj

1 Liter Diesel: Euro 1,11

Besonderheit: Die Küste ist sehr verbaut. Man muss suchen, um ein freies Plätzchen zu finden.

Straßenqualität: ★★★★★★★★★★ (6 von 10)

MAZEDONIEN

Unser Highlight: Das magische Licht des Ohridsees

Schönster Stellplatz: Ohridsee: N 40° 55.437′, E 20° 46.059′

1 Liter Diesel: Euro 0,88

Besonderheit: Paradies für Paraglider

Straßenqualität: ★★★★★★★★★★ (6 von 10)

GRIECHENLAND

Unser Highlight: Die italienische Post ist schneller als die deutsche!

Schönster Stellplatz: Camping Stavros, Neos Marmaras

1 Liter Diesel: Euro 1,31

Besonderheit: Hier finden wir extrem viele, sehr alte Unimogs

Straßenqualität: ★★★★★★★★★★ (5 von 10)

DIE REISE BEGINNT

Zweifel

Es ist kurz nach sechs an einem Dienstagnachmittag und wir sitzen zum ersten Mal in Klappstühlen vor dem Unimog. Wir öffnen eine eiskalte Flasche Champagner, blicken auf den Lago di Caldaro und die grünen Weinberge des wunderschönen Südtirols.

JEN Die Umgebung ist gewaltig. Hinter uns ragen die Felsen dem Himmel empor, vor uns blicken wir, hoch über dem See, auf eine mittelalterliche Burg. Wir reden nicht viel. Zu übermächtig sind die Gedanken und Eindrücke, die uns seit unserer Abfahrt an diesem Mittag beschäftigen. Obwohl es der erste Abend ist, geschieht jeder Handgriff wortlos, als hätten wir jede Bewegung einstudiert.

Es war unheimlich, als wir aus dem Hof von Peters Eltern gefahren sind. Das soll nun der Beginn unserer Weltreise sein? Monatelang bereitet man sich auf all das vor, um dann an einem gewöhnlichen Wochentag von Trudering aus die Salzburger Autobahn anzusteuern? Wir haben keinen Job mehr, kein Auto, keine Wohnung, um in einem Nutzfahrzeug nach Indien zu fahren? Welcher Teufel hat uns da geritten? Ich schaue Peter an und spüre, dass ihn ähnliche Gedanken plagen. Tausende Zweifel schießen in Sekundenschnelle in meinen Kopf. Es ist ein seltsames Gefühl, das ich mir oft ausgemalt habe – dessen Intensität ich mir jedoch nicht im Geringsten vorstellen konnte.

Wir reden nicht sehr viel in dieser ersten Stunde unserer ersten Fahrt. Peter spricht eigentlich gar nicht. Auf der Autobahn bezahlen wir vor dem Brenner die für uns bisher unbekannte LKW-Gebühr, tanken in Österreich noch einmal beide 130-Liter-Tanks randvoll und rollen gemächlich – mit der Höchstgeschwindigkeit von 80 km/h – in Richtung Italien. Wir wissen noch nicht, dass wir diese Geschwindigkeit für eine sehr lange Zeit nicht mehr fahren werden.

Die Aufregung über unsere bevorstehende Hochzeit in Italien tritt durch meine achterbahnfahrenden Gedanken völlig in den Hintergrund. Schon vor einigen Wochen haben wir alles in die Wege geleitet. Peter hatte an Weihnachten, mitten in unserer Reiseplanung, um meine Hand angehalten, und nun ist es uns wichtig, dass wir uns dieses Versprechen zu Beginn unserer Reise geben. Wir sind dankbar, dass unsere Freunde und Familien Verständnis dafür haben, dass wir alleine und ohne großes Brimborium heiraten möchten.

Plötzlich wird es spürbar wärmer. Der letzte Tag des Aprils zeigt sein wechselhaftes Gesicht. Die Sonne kommt hinter den Bergen hervor. Die Umgebung verändert sich deutlich, es stellt sich ein Gefühl ein, das ich nur von Urlaubsreisen kenne. Ein Prickeln, eine Aufgeregtheit, ein Bewusstsein dafür, dem Alltag für eine Zeit zu entkommen.

ETWAS NEUES, EIN ABENTEUER BEGINNT.

Eine große, ganz besondere Reise nimmt ihren Lauf. Die Angst ist wie weggeblasen. Ich schaue zu Peter und spüre, dass er Ähnliches fühlt. Kurze Zeit später sitzen wir am See, trinken Champagner aus Blechtassen, schauen uns an. In unseren Gesichtern heben sich die Mundwinkel. Gänsehaut. Zum ersten Mal haben wir eine leise Ahnung davon, was auf uns zukommen wird, was für ein Geschenk wir gerade in den Händen halten. Ich bin glücklich. Wir sitzen noch lange draußen und tauschen unsere Gedanken aus. ◇

VERZAUBERT — VERHEIRATET

Wedding in Venice

Meine zukünftige Frau wirkt nervös.
Nun bin ich es auch. Sehr.

PETER Um gleich mit dem Resultat anzufangen: Wir sind verheiratet! Und es war ein wundervoller ... ja, ein verzauberter Tag.

Und wir waren beide kaum nervös! Nun, fast nicht. Bis zum Abend davor, da kam sie, die Nervosität. Warum bekommt man am Abend vor seiner Trauung so viele, gut gemeinte Nachrichten: »Viel Glück morgen!«, »Wird schon schiefgehen!«, »Ich denke an dich!«, »Good luck, mate!« Mir war gar nicht klar, dass man für eine standesamtliche Trauung Glück braucht. Auf einmal schossen mir allerlei Fragen durch den Kopf: Kann da etwas schiefgehen? Was kann da schiefgehen? Wir haben uns im Datum geirrt und sollten schon vorgestern hier gewesen sein? Der Standesbeamte taucht nicht auf und die ganze Bürokratie im Vorfeld war umsonst. Wir haben nicht alle erforderlichen Dokumente dabei, Pässe, Ehefähigkeitszeugnisse, Geburtsurkunden ... und was einem italienischen Standesamt am Morgen der Trauung noch so kurzerhand einfallen könnte. Innerlich war ich auch schon darauf eingestellt, dass alle Trauzeugen, die Angestellten des Standesamtes, schon beim Mittagessen sind und wir deshalb erst am nächsten Tag heiraten können.

Und dann tauchte die sehr viel existenziellere Frage auf: Sagt Jen auch wirklich »Ja, ich will«? Bekommt sie in letzter Sekunde doch noch kalte Füße? Ihre Frage am Vorabend – »Peter, du sagst da morgen schon ja, oder?« – hat dann auch nicht wirklich zu meiner Entspannung beigetragen. Auf einmal war ich sehr nervös.

Und so wachen wir an unserem Hochzeitstag in einer italienischen Hotelsuite irgendwo in Venedig auf – komplett verwirrt, weil das Bett viel zu groß ist, das Brummen des Kühlschranks unter uns fehlt, und das Wackeln des ganzen Unimogs, wenn der erste ins »Bad« geht.

Schon morgens gibt es Sonne satt. Von draußen hört man die kleinen Motorboote und immer mal wieder einen Gondoliere vorbeirudern. Die Stimmen, die sich so herrlich widerhallend in den engen Gassen sammeln, sagen uns: »Heute ist endlich Hochzeitstag!« Und dann nimmt alles seinen Lauf. Meine zukünftige Frau sieht mehr als umwerfend aus, und ich denke mal wieder: »Glückspilz!« Wir verlassen das Hotel zu Fuß. Um Punkt zwölf Uhr, eine halbe Stunde zu früh, sind wir am Standesamt. Wir fragen nach, wo wir uns anmelden müssen, ob wir hier richtig sind. Wir sitzen im Vorzimmer. Im Hauptzimmer findet gerade eine andere Trauung statt. Der Ehemann ist beim Reingehen sehr blass. Die Ehefrau ist sehr geschminkt. Darunter wahrscheinlich auch sehr blass. Nervosität ist also normal bei der Trauung. Ich bin auch wieder nervös, vielleicht noch immer. Mir ist warm. Jen wirkt ebenfalls nervös.

ICH DENKE: »GOTT SEI DANK SIND NUR WIR BEIDE HIER«.

Ich richte meinen Blick nach oben und sehe vier Gestalten. Ich denke nichts. Ich schaue Jen an. Sie lächelt. Ihr Gesicht erstarrt. Die vier Gestalten lachen. Ich denke, die kenne ich. Aber ich bin doch in Venedig. Die gehören nicht hierher. Ich höre mich sagen: »Oh mein Gott! Was macht ihr denn hier?« Ich muss lachen, bin komplett überrascht, überwältigt, überfordert. Wir

fallen uns in die Arme. Die Überraschungsgäste sind vier meiner engsten Freunde, die *Best Men*. Brautjungfern. Trauzeugen. Wedding Crasher. Alles in einem. Wir wussten von nichts. Danke, Jungs! Ihr seid großartig.

Und dann werden wir getraut. Ganz offiziell, nach italienischem Recht, und mit der entsprechenden Belehrung, was wir als Mann und Frau für Rechte und Pflichten haben. Ganz schön spannend. Mit vier Trauzeugen und Champagner aus Plastikbechern. Endlich. Die lang ersehnte Erlösung von der schrecklichen Nervosität. Wir sind verheiratet. Wir sind verzaubert. Der wundervollste Mensch, die umwerfendste Frau und die verrückteste Weltreisende, die ich kenne, hat »ja« gesagt.

Es wird fotografiert, gegessen, getrunken. Danach machen wir einen langen Spaziergang zu zweit. Keine drei Stunden später treffen sich das junge Brautpaar und die Überraschungsgäste zu einem ausgiebigen Dinner. Es soll ja keiner nüchtern werden. Also sitzen wir die halbe Nacht in einer dieser kleinen Gassen Venedigs, die man im Leben nicht wiederfindet, und lachen noch immer über die Gesichter, die die nun »Glaarks« gemacht haben, als die vier Wedding Crasher plötzlich vor ihnen standen. ◇

EINE BEGEGNUNG MIT

Ivans Großmutter

Mist, jetzt gibt es wohl doch noch Ärger, denke ich.

JEN Wir wissen nicht genau, wo wir sind. Gestern Abend sind wir von der Autobahn abgefahren, Richtung bosnische Grenze, und haben einen Platz zum Schlafen gesucht. Einfach am Straßenrand übernachten, ist in Kroatien nicht erlaubt. Deswegen haben wir einen Bauern um Erlaubnis gefragt. Er hat weder Deutsch noch Englisch verstanden, uns jedoch sehr freundlich zu verstehen gegeben, dass wir auf seinem Feld stehen dürfen, direkt hinter seinem Haus.

Nachdem wir uns mit einer Dose Büchsenfleisch bedankt hatten, bescherte uns diese Übereinkunft einen wunderschönen Sonnenuntergang im Gemüsefeld, und der Soundtrack für diesen Abend bestand aus gackernden Hühnern und zirpenden Grillen. Reisen wie es schöner nicht sein kann. Die Kinder beobachteten uns neugierig aus der Ferne. Was für eine Aufregung! Doch sie trauten sich nicht zu uns. Zu fremd sind diese Menschen in ihrem monströsen Gefährt. Vielleicht ist auch die Vorstellung etwas abstrus, freiwillig in einem Gemüsefeld zu übernachten. Nach einem einfach zubereiteten Abendessen fielen wir – erschöpft von einem langen Tag – in einen seligen Schlaf.

Nun ist es halb neun am Morgen. Der Hahn kräht, die Sonne blinzelt durch die Fenster unserer Wohnkabine und wir wollen rasch aufbrechen, um nicht im Weg zu stehen, wenn der Bauer mit dem Traktor auf das Feld möchte. Als ich gerade den Motor starten will, kommt eine ältere Frau mit dem Fahrrad auf uns zu. Mist, jetzt gibt es wohl doch noch Ärger, denke ich.

»HALT! NICHT LOSFAHREN!«, RUFT DIE FRAU VON WEITEM. »ICH HABE GEBRACHT KUCHEN FÜR SIE!«

Die Frau steigt von ihrem Rad, kramt nervös ein großes Päckchen Kuchen aus ihrem Korb hervor und drückt es uns schnell in die Hand. Ihr Gesicht strahlt vor Aufregung. »Habe gearbeitet in Deutschland vor 37 Jahren. Wollen Sie Kaffee?« Ruck, zuck packen wir unsere Sachen zusammen und laufen mit der Dame über das Feld. Ihre Wohnung ist im Erdgeschoss des Bauernhofs. Es kommen auch ihr Sohn, die Schwiegertochter und der fünfjährige Enkel Ivan dazu. Wir nehmen im einfachen Wohnzimmer der Familie Platz und betrachten die vielen Familienfotos an der Wand, die Pokale und das alte Porzellan in der Vitrine. Uns wird starker Mokka mit Kuchen gereicht und sogleich befinden wir uns in einer angeregten Unterhaltung. Die warmherzige Gastgeberin erzählt von ihrer Arbeit in Deutschland. Als junge Frau lebte sie bei Verwandten in Frankfurt und sie erinnert sich an die schönen Stoffe der Kleider, die sie damals getragen hat, an das *scheene deutsche Auto*, das ihr Onkel fuhr und an die schwere, aber auch schöne Arbeit bei AEG. Zu Beginn wirken ihre Sätze eher stockend, doch mit jedem Satz fließen die Worte mehr. »Ich habe seit fast 40 Jahren kein Deutsch mehr gesprochen!«

Mit Ivans Vater sprechen wir über Fußball. Er hat früher gespielt und nun ist Ivan Teil der Mannschaft des kleinen Dorfes. Die deutschen Spieler würden großen Respekt verdienen. Kroatien sei aber eindeutig besser, sagt er und lacht laut. Er bietet uns Schnaps und Wein an, was wir aufgrund der Uhrzeit lieber dankend ablehnen. »Egal«, wird laut widersprochen und so trinken wir am frühen Morgen erst mal ein Stamperl Selbstgebrannten. Prost! »Živjeli!«

Seine Mutter erzählt uns von ihrem harten Leben auf dem Hof nach dem Tod ihres Mannes. Plötzlich springt sie auf, klatscht energisch in die Hände und zeigt uns ihr großes Hobby. Sie strickt und häkelt leidenschaftlich bunte Deckchen und warme Socken für die ganze Familie. »Ich hab was für euch!«, sagt sie und holt zwei Paar selbstgestrickte Socken aus dem Nebenraum. »Für euch! Freue mich so sehr, Deutsch zu sprechen mit Gästen!« Bald verabschieden wir uns von der ganzen Familie. Mit dem Versprechen, dass wir jederzeit auf ihrem Hof stehen dürfen, wünschen sie uns eine gute Fahrt – und viele gesunde Kinder. Später fällt mir auf, dass wir die zauberhafte Frau nie nach ihrem Namen gefragt haben. So ist und bleibt sie in unserer Erinnerung immer Ivans Großmutter. ◇

ERKENNTNIS

№ 1

Es ist wundervoll, mit dem eigenen Zuhause zu verreisen. Nirgendwo ist es so schön wie daheim, egal wo du bist. Und: Sieben Quadratmeter Wohnraum werden mit der Zeit immer größer!

SARAJEVO

Schrecken und Schönheit

Was wir in diesem Land an jeder Ecke und in jedem Blick spüren: Niemand will hier je wieder Krieg erleben.

JEN Während ich mir im Sommer 1995 von einem Rave zum nächsten das Gehirn aus meinem zugedröhnten Schädel tanze, mich auf meine Führerscheinprüfung vorbereite und mit meinem Vater einen Roadtrip durch die USA und Mexiko unternehme, während ich mich zusammen mit meinen Freunden für unschlagbar und unsterblich halte, spielt sich nur etwa 900 Kilometer von unserer Heimat entfernt ein grauenvoller Krieg und eines der schlimmsten Massaker der europäischen Geschichte ab. Natürlich haben wir damals die Nachrichten verfolgt. Natürlich haben wir mit Schrecken die Unruhen im früheren Jugoslawien beobachtet. Wir haben auch gegen den Krieg demonstriert. Und dennoch: Das gesamte Ausmaß des Krieges, und vor allem der Besetzung Sarajevos sowie des Massakers von Srebrenica wurde mir erst 18 Jahre später richtig bewusst. Wir erleben Bosnien und Herzegowina zunächst als ausgesprochen entspannt und friedlich. Die Landschaft ist sehr fruchtbar, wir fahren durch kleine Dörfer und gewaltige Schluchten, campen an wilden Flüssen, in grünen Tälern und an klaren Seen. Würden wir nicht die vielen Minarette der kleinen Moscheen und den regelmäßigen Gesang der Muezzins wahrnehmen, würden wir uns in der Schweiz oder in Österreich wähnen. In der gemütlichen Stadt Jajce verbringen wir ein paar entspannte Tage, gehen wandern, freuen uns über die offenen und herzlichen Bewohner, besichtigen Festungen, Moscheen und Ruinen, genießen das bunte Treiben auf den lokalen Märkten, essen köstliches Börek und frische Fladenbrote zum Ayran. Wir erreichen Sarajevo.

Eine Stadt, die mich im Vorfeld schon aufgrund vieler Erinnerungsfetzen aus dem Geschichtsunterricht beschäftigt hat. Die Ermordung des Erzherzogs Franz Ferdinand, der Beginn des ersten Weltkrieges, die Olympischen Winterspiele von 1984, die Besetzung der Stadt von 1992 bis 1995 – Bilder und Daten schwirren mir durch den Kopf. Und doch fehlt mir ein Gesamtbild, ein Gesicht, ein Geruch, ein Gefühl.

Was wir vorfinden, ist eine große, wilde Metropole mit sehr warmherzigen Menschen. Wir entdecken einen ruhigen, ziemlich grünen Stellplatz für unseren Truck, von dem wir die Innenstadt bequem erreichen können. Kaum angekommen, schnappen wir uns gleich die erste Tram, gehen aber bald zu Fuß und lassen die Hauptstadt auf uns wirken. Viele Gebäude sind alt und wirken heruntergekommen, sozialistisch anmutende Architektur umgibt uns, Graffitis machen aus Wänden Meinungen, dazwischen finden wir auch jüngere Architektur, und die Altstadt ist voller Touristen, kleinen Gassen mit netten Cafés, Moscheen, Kirchen und Synagogen. Der Fluss Miljacka trennt die Stadt in zwei Hälften und an seinem Ufer finden wir kleine Stände voller Bücher, Antiquitäten und Ramsch. Erst bei genauerem Hinsehen entdecken wir Dinge, die diese Stadt hervorheben. Es sind nicht die künstlichen Blutflecken, die an die Opfer der serbischen Besatzung erinnern sollen und die in der ganzen Stadt zu finden sind. Es sind die echten Einschusslöcher, die das gesamte Straßenbild und die Häuser zu Zeugen einer schrecklichen Vergangenheit machen. Es sind die Gesichter der Menschen, die eine grausame Zeit hinter sich haben. Menschen in unserem Alter, im Alter unserer Eltern, die das Grauen eines fürchterlichen Krieges in ihrem Land erlebt und überlebt haben. Und das vor gerade einmal zwanzig Jahren.

Peter und ich spüren die Nähe und Eindringlichkeit dieser Vergangenheit. Wir wollen mehr erfahren. Wir besuchen ein Museum, das uns die abgeschottete Welt der Einwohner Sarajevos zur Zeit der Besetzung verdeutlicht: Kleine nachgestellte Wohnzimmer zeigen den Alltag der Einheimischen, was sie aßen, wie sie sich verständigten, wie sie sich auf dem Weg zur Arbeit oder zur Universität vor den Scharfschützen in Sicherheit brachten. Weltweite Zeitungsausschnitte lassen uns tiefer in die Geschichte eintauchen. Nicht zuletzt ist das Museum selbst der beste Zeitzeuge. Überall sind Einschusslöcher und das Holiday Inn, in dem sich damals Journalisten aus der ganzen Welt verschanzt haben, ist ganz in der Nähe.

In der Innenstadt besuchen wir eine Fotoausstellung zum Gedenken an die Opfer des Massakers von Srebrenica. Mich erschüttern die etwa 8000 Portraits der getöteten Männer, Väter, Söhne, Brüder, Frauen, Mütter, Töchter und Schwestern. Wie konnte so etwas nach 1945 in Europa passieren? Wie konnte die ganze Welt dabei zusehen? Zu spät reagieren? Die Fotos zeigen Details des Schreckens. Videos zeigen Interviews mit Frauen, die ihre Angehörigen und ihre Würde in diesem Krieg verloren haben. Von ihnen getrennt, ohne Kommunikation nach Srebrenica, konnten sie nur warten und hoffen. Ich bin nun selbst eine Familie, mit Peter. Ich weine, halte fest die Hand meines Mannes.

Wir reden nicht viel. In den folgenden Tagen beschäftigen wir uns weiter mit der Stadt und dem Land. Wir besuchen Friedhöfe, Moscheen und das ewige Feuer zum Gedenken an die Opfer. Wir setzen die Puzzlestücke zusammen, aus den Dingen, die wir erfahren, die uns Einheimische erzählen, die wir lesen und die wir beobachten. Bosnien und Herzegowina wird für uns zu einem der beeindruckendsten Länder Südosteuropas, Sarajevo überrascht uns durch den Zeitgeist, durch eine starke Jugendkultur, eine inspirierende Kunst- und Kulturszene sowie durch aufgeweckte Bewohner, offene Gesten und eine unheimlich friedliche Atmosphäre. ◇

HELAĆ
MENSUD
1963-1992

ERSTE AUSZEIT

Durchatmen

Irgendwo auf einem Berg. Alles wirkt aufgeräumt. Wir sind es nicht.

PETER Nach aufregenden Tagen in Venedig, Triest, Ljubljana, Zagreb, Banja Luka und Sarajevo bin ich irgendwie *lost*. Es waren viele Eindrücke. Zu viele? Ich merke, dass ich Zeit brauche, um durchzuatmen. Ich will mich mal wieder richtig langweilen und nicht wissen, was ich tun soll. Ein Zwischenstand:

1 NAME ERFUNDEN
Aus unseren Nachnamen Glas und Parks wurde *Glaarkshouse*, unser erstes gemeinsames Heim – und der Titel unseres Blogs.
1787 KILOMETER GEFAHREN
So ein Unimog schüttelt ganz schön! Und wir waren oft gerührt, von der Gastfreundschaft, den Menschen, den Gesichtern und den Geschichten des Balkans.
250 LITER DIESEL
und wir haben jeden einzelnen Liter zelebriert. Vor allem bergauf, Reisen in Echtzeit. 65 km/h wurde zur normalen Reisegeschwindigkeit – in der Ebene.
1 WASSERTANKDECKEL
haben wir als Verlust zu vermelden. Leider. Selbst schuld. Ersatz gesucht und gefunden.
1 WASSERPUMPE
war defekt. Ist repariert.
1 WARMWASSERBOILER
auch. Noch nicht ganz wieder flott.
Sind zuversichtlich.
1 DIESELLEITUNG
ist leicht undicht. Wird schon passen. Der Motor brummt noch.
1 DACHLUKE
war einmal undicht. Alles sehr feucht.
Zum Glück nicht mehr.
5 LÄNDER
Wunderschön. Atemberaubend. Spannend.
Verwirrend. Dynamisch.
1 EINLADUNG
zum Kaffee. Umwerfend.
5 WOCHEN REISE
Gefühlt drei Monate Abwechslung. Abenteuer.
So viele Eindrücke.
20 SCHLAFPLÄTZE
Irgendwo. Immer besonders. Immer zu Hause.
12 BIERSORTEN
und 20 Weine.
2 POLIZEIKONTROLLEN
und kein Polizist will da hinten reinklettern.
1 × SCHNEE
und die Finger abgefroren. Im Mai.
6 FREUNDE
getroffen. Unterwegs. Gefreut. Gelacht. Gefeiert.
Erzählt. Verabschiedet.
1 STREIT und nein, nicht zwischen uns.
0 BÜCHER zu Ende gelesen.

Ist das alles spannend! Wir wollen mehr. Aber erst müssen wir warten, bis unsere Gedanken und Gefühle den letzten Bergpass hinaufgekommen sind. Dann schlafen wir aus und denken über das Weiterfahren in ein paar Tagen nach. Und jetzt wird endlich mal ein Buch gelesen. ◊

D

POST-DUELL

Eine unerwartete Pause

Ein bisschen Alltag in einer jungen Ehe

JEN Ich wache allmählich auf, die Temperatur steigt langsam in unserem Unterschlupf. Es muss zwischen neun und zehn Uhr sein. Im Morgengrauen hat Peter schlaftrunken die Dachluke geschlossen, sodass uns die Sonnenstrahlen bei Tagesanbruch nicht aufwecken. Der Wind und das Rauschen der noch sanften Wellen sind zu hören. Noch keinen einzigen Tag hat es sich selbstverständlich angefühlt, erst dann aufzustehen, wenn der Tag mich weckt. Wir öffnen die Tür und die moskitobenetzten Fenster, um Luft hereinzulassen und gehen die wenigen Meter zum weißen Strand für ein erstes erfrischendes Bad in der Ägäis.

Seit fast zwei Wochen sind wir in Griechenland. Geplant war das nicht. Doch vor der Fahrt über Istanbul in den Osten der Türkei – und somit nach Asien – hielten wir es für vernünftig, ein paar wichtige Ersatzteile zu bestellen, die wir aufgrund der bisherigen Erfahrungen mit der Wasserversorgung in der Wohnkabine eventuell gebrauchen könnten. Die Wasserpumpe hatte erneut einen Defekt wegen eines weiteren verschlissenen Teils – das erste hatte Peter schon in Italien ausgewechselt. Da wir also einige Tage auf die Ersatzteile vom Hersteller aus Italien warten mussten, wollten wir die Chance nutzen, uns zwei weitere Dinge aus Deutschland senden zu lassen. Die Temperatursicherung unseres Boilers war durchgeraucht. Es sind also zwei Sendungen, auf die wir warten. Der Wettlauf zwischen der deutschen und der italienischen Post findet einen unerwarteten Ausgang: Das Päckchen aus Deutschland ist in der Tat eine ganze Woche länger unterwegs. Nun, es gibt schlimmere Situationen, als an einem Strand auf einer griechischen Halbinsel festzusitzen. Wir finden in einen gemütlichen Reisealltag. Da wir bei der Bestellung der Ersatzteile sowohl auf eine feste Adresse als auch auf eine griechische Übersetzung angewiesen sind, verbringen wir die gesamte Wartezeit auf einem familienbetriebenen Campingplatz, dessen Infrastruktur wir für allerhand Dinge nutzen. Wir waschen unsere Wäsche, kaufen ein, putzen den Unimog, laden die Shelter-Batterien auf, machen die Löcher der Seitenluken dicht (nachdem sich dort mehrfach Wespen einnisten wollten), schreiben E-Mails an Freunde, bohren Luftlöcher für das Kühlschrankgebläse, basteln eine Verankerung für die Badezimmertür, ersetzen kaputte Flip-Flops und vieles mehr.

All das machen wir natürlich nicht auf einmal. Meistens fühlen wir uns nach einer Erledigung schon fleißig genug und belohnen uns mit einem weiteren Bad im Meer, mit einer Schnorchelrunde, mit Lesen, mit der Erkundung der Halbinsel, mit einem Powernap am Strand oder mit dem einfachen Sein.

Nach zwei Wochen sind alle Pakete eingetroffen, die Ersatzteile eingebaut, die Sachen gepackt, die Vorräte und Wassertanks aufgefüllt, die Scheiben geputzt, die Seitenluken aufgeräumt, der Ölstand geprüft und der Tank gefüllt. Wir verabschieden uns von unseren mittlerweile ans Herz gewachsenen Stellplatz-Nachbarn – die Reise geht weiter.

Hallo, Türkei! ◇

TÜRKİYE'YE HOŞGELDİNİZ
WELCOME TO TURKEY

TÜRKEI → IRAN → VEREINIGTE ARABISCHE EMIRATE → OMAN

TÜRKEI

Unser Highlight: Kappadokiens Felsformationen und Höhlendörfer

Schönster Stellplatz: In den Weiten des Kangals im tiefen Anatolien

1 Liter Diesel: Euro 1,12

Besonderheit: Manche europäische Autoversicherungen schließen die Türkei aus, gegebenenfalls muss man hier eine Versicherung an der Grenze abschließen.

Straßenqualität: ★★★★★★★☆☆☆

IRAN

Unser Highlight: Die unfassbare Gastfreundschaft

Schönster Stellplatz: In der Wüste am Rande des Dorfes Garmeh

1 Liter Diesel: Euro 0,07

Besonderheit: In den meisten Fällen ist das Leitungswasser trinkbar. In fast jeder Stadt gibt es einen öffentlichen Campingplatz, teilweise mit Duschen, Spülbecken und Toiletten.
Visum erforderlich!

Carnet de Passage (Zolldokument zur vorübergehenden, zollfreien Einfuhr von Motorfahrzeugen) erforderlich: ja

Straßenqualität: ★★★★★☆☆☆☆☆

VEREINIGTE ARABISCHE EMIRATE

Unser Highlight: Das Gesundheitssystem – nach einem Unfall in der Wüste wird Jen bestens genäht, geröntgt und kostenlos versorgt

Schönster Stellplatz: Auf dem Jebel Hafeet

1 Liter Diesel: Euro 0,49

Besonderheit: Bestimmte Medikamente (z. B. Schlafmittel oder Verhütungsmittel) dürfen nicht ins Land gebracht werden. Visa on Arrival (Visum wird bei der Einreise ausgestellt).

Carnet de Passage erforderlich: ja

Straßenqualität: ★★★★★★★★★☆

OMAN

Unser Highlight: Die Riesenschildkröten am Strand

Schönster Stellplatz: Strand bei Ras Al Jinz: N 22° 20.4′, E 59° 48.96′

1 Liter Diesel: Euro 0,47

Besonderheit: Sandbleche griffbereit halten, man fährt sich schnell im Sand fest. Visa on Arrival.

Carnet de Passage erforderlich: Jein. Offiziell nicht, manche behaupten doch – der Grenzbeamte wusste nicht, was es ist. Zur Sicherheit haben wir beim Stempeln geholfen.

Straßenqualität: ★★★★★☆☆☆☆☆

Kreuz und quer durch Istanbul

New York. Rio de Janeiro. Tokio. One Night in Bangkok. Paris, Paris! Die Metropolen dieser Welt haben wir bisher in Form von Wochenendtrips, einem Stopover oder Geschäftsreisen gesehen. Noch nie sind wir mit dem Auto in eine Weltstadt gefahren. Istanbul, einer der pulsierendsten Orte des eurasischen Kontinents.

SUT
MISIR
LEVIS

JEN »Welcome to Turkey«, steht groß auf dem Schild über der Autobahn an der Grenze. Wir betreten nicht nur ein neues Land, sondern bald auch einen neuen Kontinent: Asien. Der Willkommensgruß richtet sich jedoch nicht so sehr an unser Fahrzeug: Mit 3,40 Meter Fahrzeughöhe tun wir uns schwer, den Weg ins Zentrum von Istanbul zu finden. Die meisten Brücken sind zwanzig Zentimeter zu niedrig und lassen uns verzweifeln. Nach schweißtreibenden Stunden in Istanbuls Feierabendverkehr, mehreren Wendemanövern vor zu niedrigen Brücken und ohrenbetäubenden Hupkonzerten (zu Recht!) finden wir erst zum Einbruch der Nacht den empfohlenen Parkplatz eines Fußballclubs. Wir passieren eine Schranke am Zaun des beleuchteten Fußballfeldes und unterhalten uns kurz mit dem Inhaber Mahmut über den Parkplatz und die Umgebung. Es gibt Spülbecken, fließend Wasser, bei Bedarf Strom – und wir dürfen sogar die Duschen des Fußballclubs benutzen, sobald die Spieler abends das Trainingsgelände verlassen haben. Nach diesen kurzen Instruktionen setzen wir uns schließlich mit unserem letzten griechischen Bier vor den Truck und lassen die ungewohnte Geräuschkulisse der Millionenstadt und die salzige, nach Meer riechende Luft auf uns wirken.

Im Morgengrauen wecken uns die Muezzins der umliegenden Moscheen. Mit dem ersten Schritt aus dem Unimog werden wir uns der Umgebung unseres Stellplatzes bewusst: Wir stehen fast direkt am Marmarameer, hinter uns hören wir die vielbefahrene Kennedy Caddesi. In der Ferne erspähen wir die Bosporus Brücke, die seit 1973 den europäischen und den asiatischen Teil der Stadt verbindet. Eine Woche wollen wir hierbleiben. Wie schön, dass wir so zentral parken: In nur fünfzehn Minuten sind wir an der Blauen Moschee. Von dort aus lassen wir uns einfach treiben: Beyoğlu, der Grand Bazar, der Topkapi-Palast, der Hafen … wir laufen und laufen, fahren Tram oder Bus und steigen ab und an in einen Hop-on-Hop-off-Bus.

Wie jeden Mittwoch feiern wir unseren Hochzeitstag – heute auf der Terrasse eines kleinen Hinterhof-Restaurants und wir sind von der einfallsreichen türkischen Küche angetan, die so gar nichts mit Döner & Co. zu tun hat. Diese bunte, laute und weltoffene Stadt begeistert uns auf Anhieb, wir genießen das Schlendern durch die schattigen Basare, die engen Gassen, in denen Backgammon gespielt und Shisha geraucht wird, und die ruhige Atmosphäre der grünen Hinterhöfe.

Es gibt unzählige Möglichkeiten, in eine Stadt einzutauchen. Wir haben neben dem Sightseeing einen recht profanen Ansatz gewählt: Erledigungen! Das Schöne dabei ist, dass wir das Herz Istanbuls durch unsere Besorgungen wie von selbst kennenlernen. Denn auf der Suche nach bestimmten Dingen läuft man zufällig den schönsten Plätzen und interessantesten Menschen über den Weg – und nimmt diese Eindrücke ganz selbstverständlich mit, zusammen mit all den verwinkelten Gassen und ihren Fachgeschäften, die so gar nichts mit unserer Vorstellung eines typischen Fachgeschäfts zu tun haben.

An unserem zweiten Tag begleitet uns Mahmut, der Parkplatzinhaber des Fußballclubs, in die Stadt. Er hat sowieso etwas zu erledigen und möchte uns ein paar Geschäfte zeigen. Er hält hier und dort ein Schwätzchen, versorgt uns mit Çay und stellt immer wieder sicher, dass es uns gut geht. Gemeinsam machen wir uns auf die Suche nach Geschäften für Bootszubehör, Elektrofachgeschäften und Werkzeughändlern. Wir benötigen dringend eine Ersatzwasserpumpe (daher die Geschäfte für Bootszubehör), die passenden Steckverbindungen, Abdichtmaterial, Schlauchklemmen und eine Ratsche. Da wir kein Türkisch sprechen und von einigen Dingen nicht einmal wissen, wie sie auf Deutsch heißen, verständigen wir uns von Geschäft zu Geschäft mit Händen und Füßen und mit

kleinen handgemalten Skizzen, zunächst noch mit Mahmuts Hilfe, später am Nachmittag allein – völlig verzweifelt. Doch nach vier Tagen haben wir alles Wichtige zusammen.

Die Abende lassen wir in angesagten, vom Reiseführer empfohlenen, Vierteln ausklingen, in denen wir neben anderen Touristen viel zu teures Bier trinken oder das »beste Baklava der Stadt« essen – und uns irgendwie fehl am Platz fühlen. Wir sehnen uns nach der Ruhe der letzten Wochen. Istanbul begeistert und erschöpft uns zugleich. Die Stimmung dieser Stadt ist atemberaubend, doch sie fasst auch all das zusammen, wovon wir uns gerade wegbewegen möchten: erbarmungslose Schnelligkeit, Rastlosigkeit.

Wir verlassen die Stadt zwei Tage früher als geplant und machen uns auf den Weg, weiter Richtung Osten. ◊

AM SCHWARZEN MEER

Unsere türkischen Nachbarn

Über fremde Wohnzimmer und die Frage, weshalb wir dort gelandet sind.

PETER Wir sind in Asien! Istanbul liegt hinter uns, wir fahren nach Osten. Es wird ruhiger, aber nicht ruhig. Am späten Nachmittag erreichen wir die Küste des Schwarzen Meeres, Erdgasplattformen zieren die Wasseroberfläche. Wellen brechen mit viel Gischt, es weht ein harscher Wind. Auf den ersten 20 Kilometern ist der Strand von einer Schnellstraße eingezäunt. Die Autos brettern mit 120 km/h darüber. Ich habe Hunger, Jen bestimmt auch. Sie wird ungeduldig, der Tag zieht sich. Wir fahren und fahren und reden wenig. Wir sind beide ein wenig enttäuscht und ein bisschen müde. Wir durchfahren einen Ort nach dem nächsten und sehen nur Fabriken – Stahlfabriken, Betonfabriken und Schiffswerften. Riesige beladene Sattelschlepper rauschen an uns vorbei.

Wir erreichen die mittelgroße Stadt Ereğli, sagt Lotta, unser Navi. Wir brauchen noch Bargeld. Jen macht sich auf den Weg zum Automaten, während ich beim Auto bleibe. Die ersten Besucher kommen. Daumen hoch. »Congratulations!«, ruft einer. Wahrscheinlich wegen des *Just Married*, das auch nach zwei Monaten noch unsere Rückseite schmückt. Die Sonne nähert sich dem Horizont. Einen Schlafplatz im Dunkeln zu suchen, ist weniger vergnüglich. Wir fahren weiter, zu unserer Linken befindet sich ein steiler Abhang. Wir halten auf einer Brücke, sehen das Meer und trauen unseren Augen nicht. Weit unter uns liegt eine wunderschöne Bucht. Dunkler Sand, kaum Menschen, keine Autos – nichts wie hin. Nur ein paar Zelte stehen am Strand. Wir sind uns nicht sicher, ob wir hier mit unserem Unimog übernachten können. Jen verständigt sich so gut es geht mit einer anderen Frau, die in einem der kleinen Zelte zu leben scheint. Es ist wohl okay, dass wir bleiben. Ich parke unser Zuhause nicht weit entfernt von ihrer Behausung.

Dann baden wir zum ersten Mal im Schwarzen Meer, schauen der Sonne zu, wie sie darin versinkt und essen anschließend – endlich. Auf einmal steht unsere türkische Nachbarin vor uns. Sie hat einen Teller in der Hand mit selbst gemachtem Börek. Es schmeckt köstlich. *Nefisti* auf Türkisch, wie der Reiseführer weiß. Wir nippen an unseren Weingläsern. Zwei Mädchen kommen auf uns zu. Sie halten ebenfalls Teller in den Händen und fragen: »Where are you from?« Bevor wir antworten können, stehen zwei weitere Teller auf unserem Tisch, voller Paprika, Weinblättern und Wassermelone. Wir sind gerührt und wissen gar nicht so recht, was vor sich geht. Ich frage mich, ob mir das in Deutschland schon einmal passiert ist. Nie.

Mark, ein Engländer, der mit dem Fahrrad von London bis auf die Philippinen reisen möchte, hat ein paar Meter weiter sein Zelt aufgebaut. Wir teilen die Essensgeschenke und reden noch einige Zeit über seine »bescheuerte Idee«, mit einem Klappfahrrad bis auf die Philippinen fahren zu wollen und über unsere Reise, was hinter uns liegt und was noch auf uns zukommt. Begleitet vom Meeresrauschen sinken wir erschöpft in den Schlaf.

Am nächsten Vormittag wartet die nächste Überraschung auf uns. Ich werkle am Auto, weil der Tank auf der Fahrerseite nicht ganz dicht zu sein scheint, als ich unsere Nachbarin und einen Mann heftig winken sehe. Er hebt sein Glas Çay. »Jen, wir sind zum Tee eingeladen!«, rufe ich. Wenig später finden wir uns bei unseren Nachbarn vor ihrem Zelt auf dem Sofa wieder und verstehen kein Wort. Nur die Gestik hilft uns, zu begreifen, dass die beiden hier mit ihren zwei Söhnen leben, Fische fangen, Boote verleihen und Bootstouren anbieten. Wir sehen sie in den darauffolgenden Tagen oft anpacken, mit den Booten, mit den Fischernetzen, mit den gefangenen Fischen. Sie wirken sehr glücklich, strahlen eine tiefe, unerschütterliche Verbundenheit mit diesem Fleckchen Erde aus.

Wir sitzen viel in der Sonne, schwimmen, lesen. An einem Nachmittag kommt ein Mann mit einem kleinen Jungen zu uns. »Hello, I am Mehmet and this is Efe!« Er möchte seinem Enkelkind unseren Unimog zeigen. Wir reden über unsere Pläne und über Deutschland, und Jen packt den kleinen Efe an der Hand und zeigt ihm unser Zuhause von innen.

Prompt sind wir auch schon zur Geburtstagsfeier von Mehmets Tochter eingeladen, um halb acht will er uns abholen. Was bringt man einer türkischen Familie während des Ramadans mit? Wir sind auf so viel

Gastfreundlichkeit nicht vorbereitet! Wir finden ein vakuumverpacktes Roggenbrot – ein Geschenk für die Reise von meiner Schwester, die mir das hoffentlich verzeiht.

Wir fahren nach Ereğli in ein sehr schönes Haus. Neben uns auf dem Sofa sitzt Mehmets Frau, Muhterem, ihre Mutter Sabahat, ihre Tochter Deniz und ihr Sohn Ismail. Und natürlich auch der kleine Efe. Wir reden über Berufe, Politik, Wirtschaft. Der arme Ismail muss alles übersetzen.

Alle warten auf den Gesang des Muezzins: Zum Sonnenuntergang wird das Fasten im Ramadan gebrochen – es gibt Joghurtsuppe, gefüllte Paprika, Weinblätter, Salat, Reis, Leberbällchen, Joghurt, Oliven und Käse. Und wir stellen die Frage der Fragen: Warum lädt diese herzliche Familie uns wildfremde Menschen einfach so zum Abendessen ein? Die Antwort könnte nicht klarer sein:

»WE LIKE TO LEARN SOMETHING ABOUT OTHER PEOPLE.«

Nach dem Essen kommt noch mehr Familie vorbei und es gibt die Geburtstagstorte. Wir lachen viel, vor allem bei den türkischen *Happy Birthday*-Ständchen. Beendet wird der Abend mit einem Tee. Wir schütteln uns kräftig die Hände und freuen uns schon auf Montag – da fahren wir zu Mehmets Werkstatt, um die Dieselleitung zu flicken. An diesem Abend wissen wir noch nicht, dass wir am nächsten Tag wieder von unseren Nachbarn zum Tee eingeladen werden, dass uns der Ingenieur Senol und seine Freunde und Kollegen zu Reisbällchen, Nüssen und Bier in ihre gemütliche Runde bitten werden, dass wir noch eine riesige Tüte voller Pflaumen und Birnen geschenkt bekommen, die wir zur Konservierung zu Marmelade verarbeiten müssen, und dass wir einen Tag später, an unserem letzten Abend am Strand von Ereğli, mit Sherif und seiner Frau und mit vielen Freunden türkischen Mokka trinken und im Sand zu Saz-Instrumenten tanzen werden.

Als wir früh morgens den Strand verlassen, verabschieden wir uns herzlich von unserer Nachbarin und fahren langsam – mit einem starken Gefühl der Verbundenheit für diesen Strand und die Menschen – den steilen Berg hinauf, zurück nach Ereğli. Eine Stadt, die auf einmal viel mehr Sinn macht. ◇

ANATOLIEN

Märchenhaft in Mittelerde

Die Reise wird gen Osten anstrengender – doch wir werden immer glücklicher.

Auf der Fahrt nach Kappadokien machen wir Halt an dem beeindruckenden Salzsee Tuz Gölü, der nach dem Vansee der zweitgrößte See des Landes ist. Wir machen einen langen Spaziergang über die salzverkrustete Weite und lassen uns den heftigen Wind ins Gesicht blasen.

Felsformationen mit Höhlenarchitektur, die aus dem Tuffgestein der Landschaft in Kappadokien herausgearbeitet wurden.

KAPPADOKIEN Die Berge werden höher, die Landschaft wird karger. Die Straßen werden nicht besser, aber aufregender. Die Touristen werden weniger und entspannter. Weiße Wohnmobile sehen wir keine mehr. Die VW-Busse und Caravans werden bunter und schmutziger. Die Menschen werden immer ärmer, doch offener und hilfsbereiter. Die Tiere werden wilder. Die Temperaturen werden tagsüber höher, nachts eher niedriger. Der Wind wird stärker, die Erde sandiger. Schließlich wird die Landschaft immer skurriler und überraschender. Die Reise nach Mittelerde haben wir zwar nicht unternommen, doch fühlen wir uns manchmal so, als hätten wir es getan.

Die unterirdischen Katakomben des Open-Air-Museums in Göreme sind sehr beeindruckend, wenn auch überlaufen. Souvenirläden und Kamele, auf denen man sich fotografieren lassen kann, stören die besondere Atmosphäre. Dennoch lohnt sich die Besichtigung der sehr gut erhaltenen Fresken aus dem Mittelalter.

Die aufsteigenden Heißluftballone zum Sonnenaufgang zählen vermutlich zu den größten Touristenattraktionen der östlichen Türkei – zu Recht. Während unserer ersten Nacht in Göreme werden wir morgens um fünf von einem dampfenden Geräusch geweckt. Wir hätten niemals gedacht, dass die Ballone so nah über unsere Köpfe hinwegfliegen. Dieses Schauspiel beobachten wir in den folgenden vier Tagen – sehr früh und mit viel Kaffee – auf dem Dach des *Glaarkshouses*.

Mann auf dem Berg Nemrut im Taurusgebirge

BERG NEMRUT »Der Nemrut Dağı gehört zum Taurusgebirge und ist mit 2150 Metern Höhe eine der höchsten Erhebungen des nördlichen Mesopotamiens«, lesen wir im Reiseführer nach. Von Malatya nur etwa 90 Kilometer entfernt, führt die Straße zunächst gemächlich bergauf. Nach etwa 40 Kilometern sind wir auf 1900 Metern angekommen und denken, dass wir es schon geschafft haben. Leider rollen wir dann wieder auf 900 Meter hinunter, um dann auf den letzten acht Kilometern etwa 1000 Höhenmeter und schier unendlich viele Serpentinen zu erklimmen. Oben angekommen, sind wir deshalb nicht nur wegen des unglaublichen Ausblicks ein wenig aus der Puste. Parken dürfen wir direkt neben dem einzigen Hotel, dem Güneş Motel.

Sowohl den Sonnenuntergang als auch den Sonnenaufgang um kurz nach fünf genießen wir in vollen Zügen. Auch wenn uns der Kopf nach der Nacht in der Höhe etwas brummt, bestaunen wir die mächtigen Steinköpfe, die Teil des monumentalen Heiligtums und der Grabstätte von Antiochos I. Theos sind, errichtet etwa 50 v. Chr. Der späthellenistische König wollte eine neue Religion gründen, welche die persische und griechische Mythologie vereinen sollte – mit sich selbst als Gottheit.

Leider hat unser Truck das viele Auf und Ab in Anatolien nicht so gut verkraftet. An unserem nächsten Etappenziel in Elazığ müssen wir ihm einen neuen Sockel für die Getriebewelle verpassen. Das verläuft dank der sehr hilfsbereiten Menschen in der Türkei wieder einmal völlig problemlos.

Die ehemalige armenische Hauptstadt Ani liegt in Ruinen.

ANI Wir können den armenischen Überwachungsturm in Ani schon sehr gut am Ende einer 50 Kilometer langen Straße sehen, die sanft von Kars in den östlichsten Winkel Anatoliens auf das knapp 1300 Meter hohe Plateau steigt. Es ist einsam hier. Nur ein paar Tagestouristen verirren sich an diesen entlegenen Ort. Ani war im Mittelalter die Hauptstadt Armeniens und ein wichtiger Knotenpunkt auf der nördlichen Seidenstraße. Auf einigen Quadratkilometern haben zeitweise mehr als 100 000 Menschen gelebt, gehandelt, geschmuggelt, bis Ani Ende des 13. Jahrhunderts von den Mongolen eingenommen wurde. Ein Erdbeben besiegelte im 14. Jahrhundert den Untergang der einst blühenden Metropole, die weithin als Stadt der 1001 Kirchen bekannt war. Nur wenige Gebäude haben die letzten Jahrhunderte überlebt.

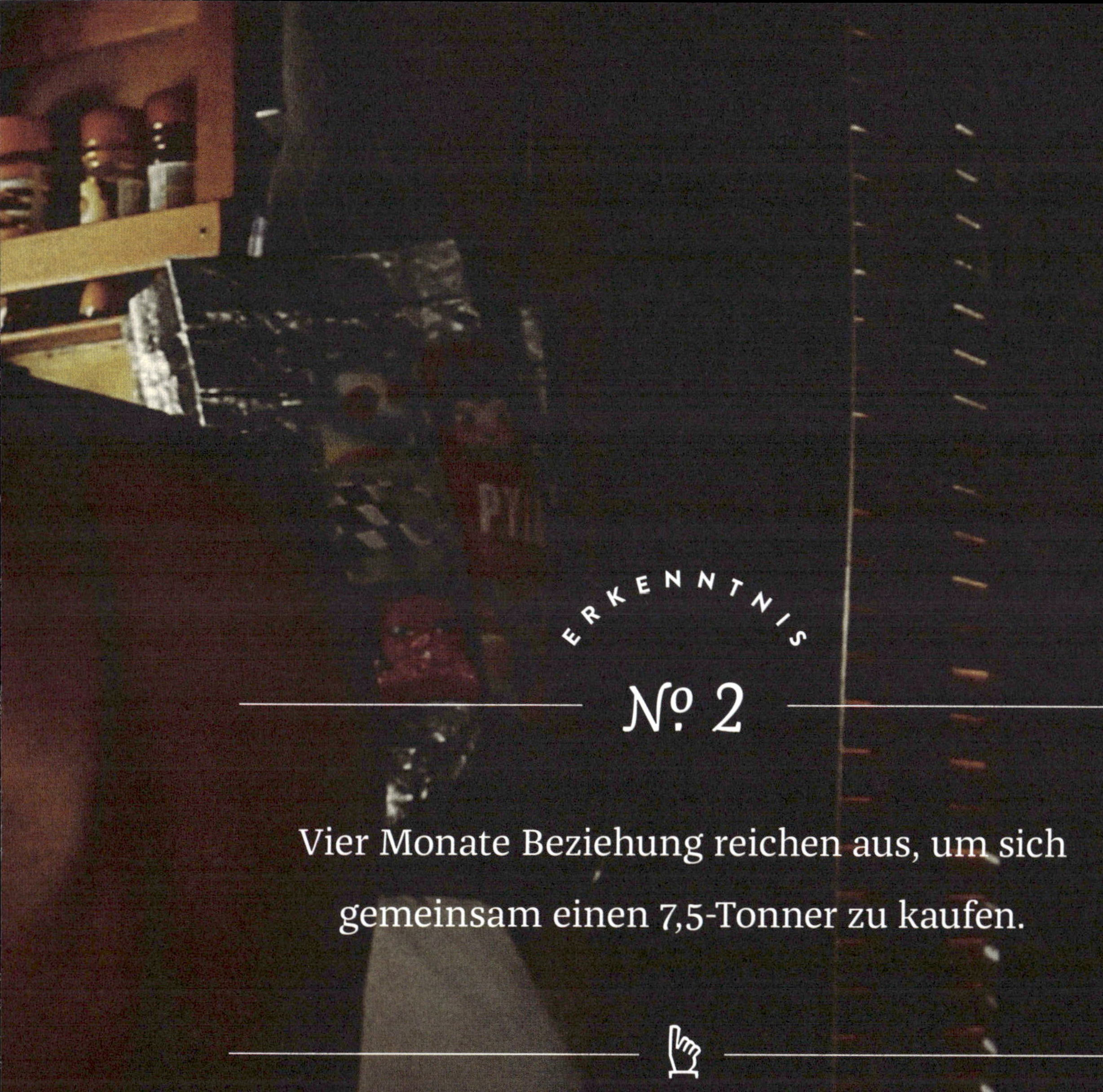

ERKENNTNIS № 2

Vier Monate Beziehung reichen aus, um sich gemeinsam einen 7,5-Tonner zu kaufen.

GANZ IM OSTEN

Die Kinder von Doğubeyazıt

»Turkish Lira!«, sagen sie bestimmt
und strecken die Hand aus.

JEN Je näher wir der Ostgrenze der Türkei kommen, desto ärmlicher wirken die Dörfer und Städte. Die Kulturen sind vermischter, die Lebensräume weniger aufgeräumt, weniger gepflegt, zersplittert von zahlreichen Militärposten.

Wir lernen neben den türkischen auch die armenischen, georgischen, aserbaidschanischen, kurdischen und vielerlei russische Bevölkerungsgruppen kennen. Jede hat etwas über eine andere Sippe zu erzählen. Zwischen den Worten schwingen Töne mit, die auf die aktuellen Spannungen schließen lassen. Konflikte, zu denen jeder eine andere Geschichte hat – und das seit Jahrhunderten.

Die Kommunikation wird schwieriger. Kritische Blicke treffen uns. Wir gehören offensichtlich nicht hierher. Und so müssen wir nach drei Monaten auf Reisen leider zum ersten Mal zwiegespaltene Erfahrungen sammeln.

Wir stehen kurz vor der Grenze zum Iran, auf dem bei Overlandern und Backpackern beliebten Murat Camping. Von hier aus machen sich viele für den Grenzübertritt bereit – oder auch für den Aufstieg auf den mit 5137 Metern höchsten Berg der Türkei, den Ararat oder Ağrı Dağı. Hier treffen wir allerhand interessante Menschen, wie z. B. Ulla und Franz, die sich

mit ihrem riesigen MAN Truck Richtung Nepal aufmachen oder eine Gruppe Amerikaner und Engländer, die den schneebedeckten Ararat besteigen wollen, um dort mehrere Wochen in der Kälte nach Noahs Arche zu suchen. Kein Witz!

Peter und ich wollen erst nach dem Ramadan in den Iran fahren und so beschließen wir, ein paar Tage in Doğubeyazıt zu entspannen. Wir wollen uns noch mehr über den Iran informieren, Wäsche waschen, alle möglichen Tanks auffüllen, ein paar E-Mails schreiben, Geld wechseln, unser Heim sauber machen und unsere bundeswehrgrünen Reservekanister rot anstreichen, damit wir nicht mit einem Militärfahrzeug verwechselt werden – das türkische Militär fährt Unimogs. Außerdem hat Peter nachts mehrfach Schüsse gehört und wir wurden vor Überfällen auf den Landstraßen im Grenzgebiet gewarnt.

Wir stehen auf einer kleinen Anhöhe, in der Nähe des bekannten Ishak-Pascha-Palasts, mit einem grandiosen Ausblick auf die Berge zwischen der Türkei und dem Iran. Am Fuße des Hanges wird gerade ein kleiner Rummel aufgebaut, um das Ende des Ramadans zu feiern. Viele Kinder beobachten das bunte Treiben.

Weil wir es gewohnt sind, dass Kinder neugierig auf unser Auto reagieren, lassen wir sie gerne rein. Auch hier kommt eine Gruppe zu uns gerannt, doch sie sind nicht am Unimog interessiert. Der Grund für das Näherkommen ist eine Forderung, und die wird mehr als selbstverständlich zum Ausdruck gebracht: »Turkish Lira!«, sagen sie in einem sehr bestimmenden Ton und strecken die Hand aus.

ALS ICH VERNEINE, SAGEN SIE: »HANDY! RADIO! DOLLAR!«

Mist, denke ich. Wieder diese Situation auf Reisen, mit der ich einfach nie richtig umzugehen weiß. Kein Geld geben! Das lernt man ja eigentlich. Ich versuche das dem Kopf der Bande zu erklären, während ich mir überlege, was ich ihnen sonst geben kann. Doch es kommt anders: »Fuck you!«, schreit der Kleine plötzlich mehrmals und rennt davon.

Am gleichen Tag treffen wir bei einem Spaziergang erneut eine Gruppe etwa 10- bis 14-jähriger Jungs. Als wir ihrer Bitte nach »Lira!« nicht nachkommen, trifft mich der eisige Blick von einem der Halbstarken, der mir noch heute das Blut in den Adern gefrieren lässt. Am darauffolgenden Tag werden wir im fahrenden Auto von einem Jungen, der am Straßenrand steht, mit Steinen beworfen.

Stundenlang unterhalte ich mich mit Peter über diese Situationen. Was genau ist es, das uns hier so traurig und sprachlos gemacht hat? Um Missverständnissen vorzubeugen: Ich möchte keinem dieser Kinder einen Vorwurf machen. Sie sind noch nicht alt genug, um ihr Verhalten kritisch zu hinterfragen.

Auch nach vielen Reisen und Erfahrungen mit fremden Kulturen fühle ich mich in solchen Momenten immer noch hilflos. Wie handelt man richtig, wenn Kinder um Geld betteln? Ist Betteln nach Süßigkeiten besser? Wie gehe ich damit um, wenn Kinder betteln, die im Vergleich zu anderen überhaupt nicht bedürftig wirken? Was geht in einem Kind vor, das mit Steinen nach einem Auto wirft? Was wird diesen Kids eingeimpft, bevor sie auf die Straße geschickt werden? Und was passiert mit den Kleinen, wenn sie mit leeren Händen nach Hause kommen? Was kann ich tun, wenn ein bettelndes Kind wütend wird, weil es von uns etwas zu essen bekommt – anstelle des gewünschten Geldes? Wie gehe ich mit Hass in den Augen eines Kindes um? Und wer hat ihn gesät? All diese Fragen plagten mich schon auf meinen früheren Reisen – in Indien, Indonesien, Mittelamerika, Afrika und auf Sri Lanka. Eine endgültige Antwort habe ich bisher nicht gefunden.

An unserem letzten Tag in der Grenzstadt haben wir ein paar Dinge im Zentrum zu erledigen. Auch dort begegnen wir wieder einer Horde von Kids. Sie lachen viel, sind neugierig und freuen sich wie die Schneekönige darüber, fotografiert zu werden und sich die Bilder direkt auf der Kamera anzusehen – ein versöhnlicher Abschied. ◇

GRENZERFAHRUNGEN

Spiel ohne Regeln

Wir kommen an die Grenze, alles ist vorbereitet, die Dokumente sind in der Tasche, das Kleingeld für den Notfall auch.

PETER Es ist zwölf Uhr, Mittagspause. Wir stehen eine gute halbe Stunde vor einem schweren Gittertor an der Grenze zum Iran. Wir warten nicht alleine. Ein ganzer Reisebus will durch das Grenzterminal abgefertigt werden. Auch er muss über diese trostlose, vierspurige Straße von Doğubeyazıt hergekommen sein: 45 Kilometer Nichts. Zu Beginn sehen wir noch ein paar Berge – den Berg Ararat im Rückspiegel – und dann ist da nur noch Steppe. Das kann schön sein, aber nicht in Kombination mit zerstörten Häusern.

Jen schläft. Ich habe viel Zeit, über den Iran nachzudenken. Was wird uns dort erwarten? Wie gehen wir mit den vermeintlichen Einschränkungen um? Lange Kleidung und Kopftuch erwarten uns. Wie gehen die Iraner nach den verschärften Sanktionen mit Ausländern um? Wo werden wir parken und schlafen? Können wir uns frei bewegen?

Die Mittagspause ist vorbei, die Türkei stempelt uns aus. Wir müssen weiter vor dem Tor warten, der Reisebus leert sich. Plötzlich fangen zwei Männer an, sich zu prügeln. Die meinen das ernst. Immer wieder geht ein Busfahrer dazwischen, aber die beiden Jungs wollen nicht voneinander lassen. Ich überlege kurz, ob ich mich einmischen soll und entscheide, dass ich mich unter den Augen der iranischen Grenzpolizei besser nicht schlagen sollte. Wir bleiben im Auto sitzen und sind irritiert, denn keiner der anwesenden Polizisten versucht auch nur ansatzweise, zu schlichten. Irgendwann können die beiden nicht mehr.

Endlich öffnet sich das schwere Gittertor. Wir fahren durch und hören: »Welcome to Iran!« Zwei Grenzbeamte lächeln uns an und bitten uns höflich, das Auto abzustellen und den Wagen zu öffnen. Die beiden sind schwer neugierig und können es kaum erwarten, hinten einzusteigen. Als sie sehen, dass ich mir vor der Einstiegsleiter die Schnürsenkel aufmache, um meine Schuhe auszuziehen, deutet einer auf seine Armeestiefel. Ich begegne ihm mit einem Lächeln: »Please no shoes in our home«. Weil er keine Ambitionen hat, die Stiefel auszuziehen, ist er raus und dreht sich weg. Der andere hat leider nur Sandalen an, schmeißt diese von den Füßen und folgt mir. Er öffnet ein paar Schränke, schaut in den Kühlschrank und fragt erwartungsvoll: »Alcohol?« Natürlich haben wir keinen Alkohol dabei. Wir wissen ja, dass man im Iran für ein Alkoholdelikt, also für den Konsum von Alkohol, als Strafe 80 Peitschenhiebe bekommt. »No! We don't have alcohol with us!«, ist meine direkte Antwort. Er lacht ein bisschen. Warum, verstehe ich nicht. Aber es ist wahr: Jen und ich haben genau aus diesem Grund am Vorabend unsere letzte Flasche weißen Châteauneuf-du-Pape geleert.

Der iranische Grenzbeamte geht wieder raus, ich verschließe alles und folge ihm. Nun müssen wir zur Passkontrolle, um das Auto einzuführen. Wir stehen in einer Schlange, die nicht länger als zehn Meter ist, doch sie bewegt sich keinen Zentimeter. Drei oder viermal werden wir von Geldwechslern bedrängt. Die Kurse sind lächerlich. Plötzlich kommt ein Mann auf uns zugestürmt. Er trägt keine Uniform. Er sagt irgendetwas und will, dass wir ihm folgen. Ich will ihm erklären, dass wir noch durch die Passkontrolle müssen, doch er sagt nur: »Later!« Wir gehen also einfach an der Schlange vorbei. Der Beamte interessiert sich nicht für uns. Mir gehen ganz merkwürdige Gedanken durch den Kopf. Werden wir jetzt einfach durchgewunken? Oder müssen wir zum Verhör? Wir sollen die Zollpapiere für unser Auto, das Carnet de Passage, abgeben. Wir bekommen ein paar Fragen gestellt, dann düst ein anderer Mann mit unseren Papieren davon. Wir müssen wieder zurück in die Schlange vor der Passkontrolle. Prima! Kein Verhör und auch nicht durchgewunken worden! Der Mann, der uns bisher unterstützt hat, geht mit uns zurück. Er gibt dem Beamten unsere Reisepässe. Sie wechseln ein paar Worte. Wir sollen uns hinsetzen. Wir warten nun zu dritt. Eine gute Stunde vergeht und nichts passiert.

Es kristallisiert sich heraus, dass unser Begleiter ein sogenannter Travel Agent ist, der eigentlich Reisen in den Iran organisiert und an dieser Grenze ein kleines Büro hat. Er heißt Ismail, der Einfachheit halber nennen wir ihn aber Agent 1. Während wir also da sitzen und warten, erfahren wir, dass das Computersystem für die Passkontrolle der Touristen gerade nicht funktioniert, dass Frauen im Iran in den Städten nicht Auto fahren dürfen, dass 40 000 Rial für einen Euro heute ein super Freundschaftswechselkurs sind und dass die Erde eine Scheibe ist. Nein, das nicht – aber noch so manch anderen Blödsinn. Agent 1 ist ein merkwürdiger Zeitgenosse. Nun kommt Agent 2 ins Spiel. Er hält unsere Zollpapiere in der Hand und will sie mir zunächst nicht geben. Er spricht fließend Farsi, ich nicht, Englisch funktioniert nicht. Ich frage Agent 1, ob ich meine Papiere mal sehen kann. Darf ich. Sie sind richtig abgestempelt. Nun warten wir zu viert. Meine Frau, ihr zunehmend genervter Ehemann, der gerade seine gesamte psychologische Ausbildung zusammenkramen muss, um nicht schreiend über den Hof zu rennen, Agent 1 und Agent 2. Und es dauert noch immer. Nach etwa zwei Stunden dürfen wir endlich durch. Wir haben unsere Pässe, wir haben die Zolldokumente, also alles gut, denke ich.

Plötzlich tauchen Agent 3, 4, 5 und 6 auf. Alle schreien wirres Zeug. Agent 3 ist besonders konfus. Agent 1 sagt ungefähr viermal: »Don't pay him money!« Er meint Agent 3. Aber wofür sollte ich ihn denn bezahlen? Oder nicht bezahlen? Und wer gehört hier eigentlich zu welcher Mannschaft? Ich verstehe die Spielregeln nicht! Und was ist überhaupt das Spiel?

Wir bekommen noch zwei Zettel in die Hand gedrückt. Und dann erscheint Agent 7, auf ihn haben wir anscheinend gewartet. In der Zwischenzeit spricht Agent 8 mit Jen und erzählt ihr, dass wir nun fahren dürfen. Agent 8 wird später noch wichtig, da er sich

als großer Fan meiner Frau herausstellt! Agent 7 ist anscheinend ein offizieller Beamter. Er trägt keine Uniform, muss aber Zettel unterschreiben. Davon haben wir immer noch zwei in den Händen. Leider bin ich in geschriebenem Persisch keinen Deut besser als in gesprochenem. Ich habe also keine Ahnung, was auf diesen Papieren steht. Aber hier wimmelt es doch nur so von Agenten, die mehr oder weniger gut Englisch sprechen. Ich wende mich an Agent 1. Er sagt: »Don't pay him money!« Ja, das habe ich schon vor zehn Minuten verstanden. Mein Blutdruck steigt. Was mache ich mit den Papieren? Mit vereinten Kräften finden wir heraus, dass das eine Papier regelt, dass wir nach ein paar Wochen ein iranisches Kennzeichen benötigen. Das ist erst einmal total egal. Das andere Papier bleibt noch für eine weitere Stunde ein Mysterium. Endlich, der offizielle Agent 7 unterschreibt eines der Papiere und sagt: »You can go now!« Daraufhin ich zu Jen: »Nichts wie weg!« Und Jen: »Ja! Schnell! Sonst erschieße ich noch Agent 3!« Wir fahren los. Agent 3 schreit irgendetwas gegen den Motorenlärm an. Ich gebe Gas und wir rollen langsam die Straße bergab.

Leider brauchen wir noch eine Autoversicherung. Ein iranischer LKW-Fahrer fährt neben uns und fragt auf Deutsch, ob wir Hilfe brauchen. Ich entgegne: »Autoversicherung!« Er deutet auf ein kleines Gebäude. Wir fahren

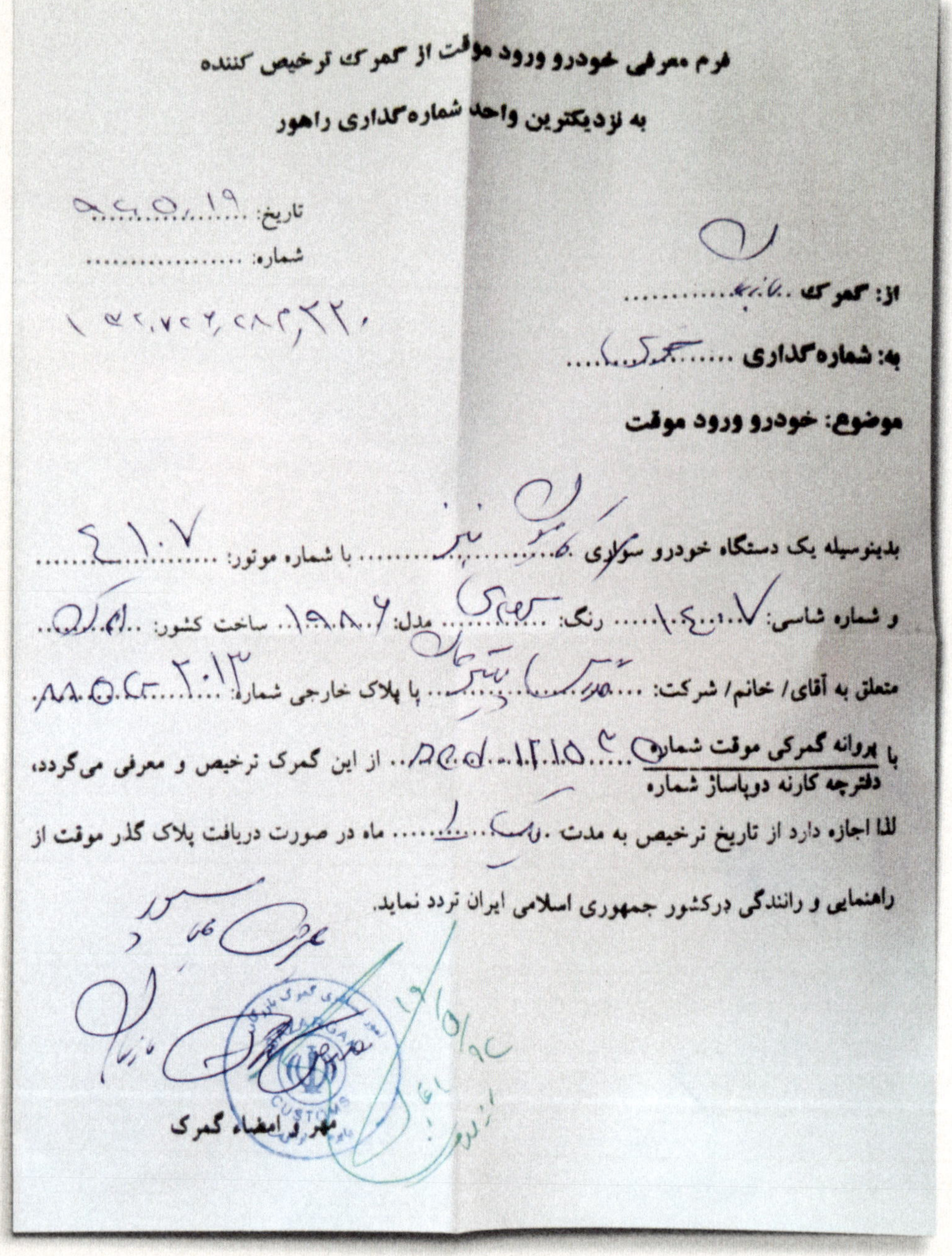

فرم معرفی خودرو ورود موقت از گمرک ترخیص کننده

به نزدیکترین واحد شماره‌گذاری راهور

تاریخ: ۹۰/۰۵/۱۹

شماره: ....

از: گمرک ....

به: شماره‌گذاری ....

موضوع: خودرو ورود موقت

بدینوسیله یک دستگاه خودرو سواری .... با شماره موتور: ....

و شماره شاسی: .... رنگ: .... مدل: ۱۹۸۶ ساخت کشور: ....

متعلق به آقای/ خانم/ شرکت: .... با پلاک خارجی شماره: ....

با پروانه گمرکی موقت شماره .... از این گمرک ترخیص و معرفی می‌گردد،
دفترچه کارنه دوپاساژ شماره

لذا اجازه دارد از تاریخ ترخیص به مدت .... ماه در صورت دریافت پلاک گذر موقت از راهنمایی و رانندگی درکشور جمهوری اسلامی ایران تردد نماید.

مهر و امضاء گمرک

dorthin. Mit einer Mischung aus Verzweiflung über die letzten Stunden und der totalen Überzeugung, dass wir den letzten Schritt nun auch noch schaffen werden, gehen wir in das Gebäude. Drinnen will ich meinen Augen nicht trauen. Ich beginne zu zweifeln, dass das alles wahr ist. Gibt es im Iran eine Versteckte Kamera? Agent 3 steht vor uns. Agent 4 ist auch da. Der redet aber nicht, er sitzt nur da. Agent 3 beginnt wieder zu blubbern. Ich ignoriere ihn. Hinter dem einzigen Computer in diesem Büro von *Iran Insurance* sitzt ein junger Mann. Er ist offensichtlich der Bearbeiter, und er spricht kein Wort Englisch. Er spricht aber eh sehr wenig. Wir geben ihm unsere Fahrzeugpapiere. Dann tippt er in seinen Computer, raucht, schaut in den laufenden Fernseher. Nach ein paar Minuten sagt er etwas auf Persisch. Ich verstehe nichts. Agent 3 mischt sich ein.

In diesem Moment kommt ein neuer Agent durch die Tür. Der Neue versucht nun, zu erklären, was die Versicherung kostet, was die Deckungssummen sind und für welchen Zeitraum die Versicherung gültig ist. Wir sollen umgerechnet 150 Euro für vier Wochen bezahlen. Es kommt uns sehr teuer vor. Aber wie das Schicksal so will, erscheint nun der LKW-Fahrer von vorhin wieder. Er hat unser Auto vor der Tür gesehen und will nur mal kurz checken, dass wir alles bekommen. Er ist oft in Europa, und spricht gut Deutsch. Wir fragen ihn, ob die 150 Euro realistisch sind. Er bejaht und ergänzt: »Bei eurem großen Auto!« Wir kramen also das Geld aus der Tasche und wollen nun wirklich ganz schnell weg, bevor Agent 3 noch einer Affekthandlung zum Opfer fällt. Jen ist mittlerweile bereit, das Doppelte zu bezahlen, sofern uns diese Agenten dann in Ruhe lassen. Mit einem Versicherungswisch in der Hand rennen wir aus dem Gebäude. Agent 3, Agent 4 und der neue Agent rennen hinter uns her. Sie wollen immer noch irgendetwas, erzählen etwas von Tankkarten und »money for the government«, bis sich herausstellt, dass das bei unserem B-Visum alles ganz anders ist! Jetzt wird der zweite Zettel wieder wichtig. Ganz klar wird es uns nicht, aber wahrscheinlich ist das eine Art Laufzettel, der nun noch von zwei weiteren Personen abgestempelt werden muss. Der eine stellt sich an, er will den Versicherungsnachweis sehen, doch dann taucht Agent 4 wieder auf. Er faselt etwas von »Bakschisch«, und dass wir dann im ganzen Land umherreisen können. Zehn Dollar und alles ist erledigt. Ich hätte ihm fünfzig gezahlt, nur um möglichst schnell aus der Sache herauszukommen. Wir drücken die zehn Dollar ab, bekommen den Stempel und gehen weiter. Der neue Agent nimmt unseren Zettel und rennt damit zum nächsten Offiziellen, der einfach stempelt. Wir spurten zum Auto, der neue Agent rennt neben uns her, und ich will nur noch wissen, ob es nun vorbei, ob alles erledigt ist. Er bejaht und wünscht uns eine gute Fahrt. Wir sitzen im Auto, lassen den Motor an, übergeben den Laufzettel dem letzten Offiziellen und fahren nun endlich und endgültig vom Zollhof.

Iran! Wir sind drin! Langsam rollen wir die Hauptstraße von Bazargan entlang. Noch sieht es nicht anders aus als in der Türkei. Wir schütteln noch immer die Köpfe über das Ausmaß an Durcheinander und Wahnsinn an der Grenze, über die einzelnen Agenten, und wir denken darüber nach, ob das ein durch und durch einstudiertes Schauspiel war, um uns zehn Dollar abzuknöpfen und dann sagt Jen: »Weißt du, was das Schrägste war? Agent 8 hat mir zum Abschied eine Kusshand zugeworfen!« Ich muss lachen. Jen auch. Nach diesem Spektakel wundert mich nichts mehr.

Inschallah! Iran, wir kommen! ◇

TABRIZ

Iranische Schutzengel heißen Djavad

»Hallo! Brauchen Sie Hilfe?«

PETER Der iranische Verkehr ist die Hölle. Es ist vollkommen egal, ob man auf einer nahezu unbefahrenen Landstraße unterwegs ist, in einem Dorf oder einer Metropole. Gängige Glaubenssätze, wie etwa das Rechtsverkehr bedeutet, dass man selbst rechts und der Gegenverkehr links fährt, sind vollkommen irrelevant. Und es ist mehr als naiv, eigentlich fast tödlich, anzunehmen, dass die Anzahl der Fahrspuren auf der Straße irgendetwas mit der Anzahl der Fahrzeuge, die nebeneinander fahren, zu tun haben könnte. Auf drei Spuren passen etwa sechs Autos. Ein Glück, dass unser Unimog gut zu sehen ist!

Es ist einer dieser langen Tage: Tankstelle mit Diesel finden und über den Preis frohlocken (10 Euro für 130 Liter), Geld wechseln, Wasser und Essen einkaufen und fünf Stunden bei zunehmender Hitze Autofahren - von Maku nach Tabriz. Am späten Nachmittag kommen wir endlich an. Wir suchen einen Stellplatz, beleuchtet und nicht zu einsam - so sind unsere Regeln in großen Städten. Wir kreisen durch die Stadt und verzweifeln am Verkehr. Tabriz erwacht aus dem Hitzekoma, es wird voll. Alle paar Nanosekunden ertönt eine Hupe, und dazwischen: »Hello Mister! Where are you from?« Wir kennen uns nicht aus, nehmen eine falsche Straße, und dann noch eine. Der Unimog ist zu breit! Wir manövrieren uns an parkenden Autos vorbei und unter Bäumen hindurch. Wir halten an, um einen neuen Plan zu machen. Da höre ich eine fremde Stimme und eine Sprache, die nicht hierher gehört.

»HALLO! BRAUCHEN SIE HILFE?«

Jen spricht mit einem Mann, den ich nicht sehen kann. Sie verabreden, dass wir ihm hinterherfahren, raus aus der Straße. Wir parken in einer breiten Querstraße, steigen aus, stellen uns vor. Vor uns steht Djavad. Er stammt aus Tabriz, nach seinem Ingenieurstudium ging er nach Deutschland, um dort zu arbeiten. Er lebte 18 Jahre in Düsseldorf. Wir sind erst drei Tage im Iran und versuchen noch, die lokalen Spielregeln zu verstehen. Da kommt Djavad wie gerufen. Ehe wir uns versehen, sind wir mitten in einer privaten Stadtführung und erkunden die Highlights von Tabriz zu Fuß. Djavad hat eine angenehm leichte Art, uns seine Stadt vorzustellen, und Tabriz gewinnt uns als Fans. Wir verabreden uns für den nächsten Tag.

Der Basar in Tabriz ist der größte überdachte Basar der Welt. Seine Blütezeit hatte er im 16. Jahrhundert, aber noch heute ist die Stadt für ihre Teppiche bekannt. Nachdem wir diesen gewaltigen Ort am nächsten Tag erkundet haben, treffen wir Djavad am späten Nachmittag wieder. Wir fahren zu seinem Gartenhaus außerhalb der Stadt. Nach einer halben Stunde Fahrt stellen wir unser Auto in einem Hain voller Walnussbäume ab. Es ist ruhig hier, kühler als in der Stadt. Wir kommen zur Ruhe. Djavads Schwester kommt mit ihrer Familie, wir grillen zusammen, reden über den Iran, über Deutschland, über Politik und Religion und über das Leben. Jen wird gebeten, ihr Kopftuch abzunehmen. Djavad drückt mir die Schlüssel von seinem Gartenhaus in die Hand. Sie wollen zurückfahren, wir sollen erst einmal ausschlafen und unseren Wassertank mit dem frischen Quellwasser auffüllen. Jen und ich schauen uns verdutzt an. Wir wissen nicht, ob wir diese Gastfreundschaft und das Vertrauen annehmen dürfen. Djavad entgegnet beiläufig: »Ihr seid meine Freunde und damit seid ihr wie Familie!«

Als wir am nächsten Morgen zusammenpacken, stehen plötzlich Djavad und sein Neffe Sina mit Frühstück vor uns. Wir bleiben bis zum frühen Nachmittag. Der Abschied fällt schwer und wird auch noch ein bisschen hinausgeschoben: Der Unimog muckt etwas und wir brauchen eine Werkstatt. Wer hilft uns dabei? Natürlich unser Schutzengel. In einem gigantischen Hinterhof voller LKWs wird das Problem behoben und anschließend verabschieden wir uns tatsächlich.

In den kommenden vier Wochen ist Djavad unser stetiger Begleiter aus der Ferne. Von der Übersetzung hunderter Kebab-Varianten bis hin zu komplizierten Buchungsvorgängen der iranischen Fährgesellschaft ist Djavad immer für uns da, wenn wir ihn brauchen. Und auch wenn wir die schwierigsten Situationen alleine meistern, fragt er rührend: »Warum habt ihr mich nicht angerufen?« ◊

IRAN

Das Land der Leere und der Fülle

Unser Weg führt uns in Metropolen und Wüsten, wir erleben eine vergangene Hochkultur und ein Land in verhaltenem Aufbruch – doch mehr als alles andere beeindruckt uns die Herzensgüte der Iraner.

Basar in Esfahān

ESFAHĀN gehört zu den beliebtesten Städten des Irans. Die lebendigen Straßen und Parks laden zu stundenlangem Flanieren ein. Wir haben einiges zu erledigen und erwerben auf einem Basar eine lautere Hupe für unseren Truck, ein paar Stoffe zum Flicken sowie Früchte – und wir besuchen ein lokales Reisebüro, um Informationen zu unserer anstehenden Fährfahrt nach Dubai einzuholen. Den Besuch der Rahim-Chan-Moschee nutzen wir, um vor der Mittagshitze zu flüchten. Parken können wir mitten in der Stadt auf einem öffentlichen Parkplatz. Es gibt Trinkwasser aus der Leitung und saubere Toiletten.

Die Gastfreundlichkeit im Iran ist vermutlich einzigartig auf dieser Welt. Jeder, der einmal dort war, berichtet Ähnliches. Die größte Gefahr in diesem Land ist für uns eine Überdosis Schwarztee. Wir werden oft mehrmals am Tag zu Tee und Gebäck oder gleich zum Abendessen bei einer Familie eingeladen.

Im Iran erleben wir ein Wechselspiel zwischen Tradition und Moderne. Während Frauen in den konservativen Gegenden eher vollkommen verschleiert sind, tragen viele Frauen in den Großstädten das Kopftuch sehr modisch und legen Wert auf ein körperbetontes Aussehen. Handys und Internet sind weit verbreitet, auch wenn viele internationale Webseiten gesperrt sind. Die jungen Iraner sind politisch interessiert und sprechen oft fließend Englisch. Viele Frauen sind Akademikerinnen, man erzählt uns sogar, dass mehr Frauen an den Universitäten studieren als Männer.

Die Dasht-e Kavir Wüste, eine große Salzwüste im iranischen Hochland

DASHT-E KAVIR Die Wüste Dasht-e Kavir ist für uns ein Highlight im Iran. Nicht nur wegen des Offroad-Vergnügens, sondern vor allem aufgrund der atemberaubenden Landschaft. Unweit des Dorfes Garmeh finden wir einen besonders beeindruckenden Stellplatz am Rande eines Dattelhains. Auch wenn wir fast 50 °C im Truck messen, lässt es sich draußen im Wind ganz gut aushalten. Die Kinder des Dorfes schauen immer wieder vorbei – nicht ohne Datteln und Tee mitzubringen. In einer Höhle nutzen wir frisches Quellwasser für ein ungestörtes und erfrischendes Bad. Das trinkbare Wasser schmeckt bei dieser Hitze besser als der köstlichste Wein.

In Garmeh gehen wir ausnahmsweise einmal essen und genießen die entspannte Atmosphäre in einem kleinen Guesthouse. Wir unterhalten uns lange mit dem Betreiber, der für uns einen befreundeten Kamel-Farmer kontaktiert, mit dem wir dann am nächsten Tag zum Kamelreiten verabredet sind. In der Wüste bei Mesr reiten wir mit dem Sohn des Kamelbauern in den Sonnenuntergang.

Parken dürfen wir mitten auf dem Dorfplatz der winzigen Siedlung Mesr. Wir lernen Farnaz kennen, der viele Jahre in Südafrika gelebt hat. Er will nun in seinem Heimatdorf ein exklusives Guesthouse bauen. Kurzerhand werden wir zu einem üppigen Abendessen eingeladen.

Geschäft in Yazd

YAZD liegt an einer Oase und wurde im 3. Jahrtausend v. Chr. gegründet. Sie ist Zentrum der zoroastrischen Religion. Die Altstadt ist seit 2017 UNESCO-Weltkulturerbe und für uns: eine Herausforderung. Die engen Gassen dürfen wir zwar befahren, doch müssen wir immer wieder anhalten, um die Höhe der Torbögen oder die Breite der Straßen zu überprüfen. Wir sind überrascht, dass die Einheimischen uns gleich darauf aufmerksam machen, dass wir in der Altstadt parken und übernachten dürfen. Hier muss schon der ein oder andere Overlander gewesen sein. Prompt treffen wir auf ein deutsches Paar, das seit vier Jahren auf dem Motorrad unterwegs ist, und wir tauschen Tipps und Erlebnisse aus. Den Abend verbringen wir im Silk Road Hotel, das bei Backpackern besonders beliebt ist, und wir freuen uns über ein persisches Essen in einem schönen Innenhof.

Wieder einmal steht ein Ölwechsel an. Wir finden eine gute Werkstatt auf dem Weg in den Süden, bei der wir mit Händen und Füßen zu verstehen geben, was wir brauchen. Am Ende steht Peter in der Grube und macht den Ölwechsel selbst. Die Arbeiter in der Werkstatt freuen sich sehr über die beiden komischen Deutschen und laden uns auf Getriebeöl und Motoröl ein.

PERSEPOLIS Die altpersische Residenzstadt Persepolis gehört zu den kulturellen Highlights des Landes. Sie war Hauptstadt des antiken Perserreichs und wurde 520 v. Chr. von Dareios I. gegründet. Es ist unglaublich heiß, als wir die Ruinen der Palastanlagen unweit der schönen Stadt Schiräz besuchen. Wir wundern uns, dass wir als Ausländer nahezu den fünffachen Eintrittspreis bezahlen, sind aber von der Größe und Vielfalt der Anlage überwältigt. Wir springen von Schatten zu Schatten und treffen sogar auf ein paar europäische Touristen. Zum Sonnenuntergang sind wir von dem plötzlichen Getümmel auf dem Parkplatz überrascht. Vor fast jedem Auto wird ein Zelt aufgebaut, ein Wasserkocher und ein Grill herausgeholt – überall wird gekocht, gegrillt oder in bunten Wurfzelten gechillt. Die campingfreudigen Iraner bleiben gerne für mehrere Tage in Persepolis und übernachten einfach hier. Wir werden von allen Seiten mit Kebab, Reis und Früchten überhäuft und zum Tee eingeladen.

Die schönste Überraschung während unseres Aufenthalts in Persepolis ist der Besuch von Djavad und seiner Familie. Die drei sind fast 2000 Kilometer gefahren, um uns vor unserer Abreise aus dem Iran noch einmal zu treffen. Schnell stellen wir ein Picknick zusammen und erzählen, was wir in den letzten Wochen alles erlebt haben. Am nächsten Tag besuchen wir noch einmal gemeinsam die alten Paläste und trennen uns schließlich unter Tränen – nicht ohne das Versprechen, in Kontakt zu bleiben. Mersi!

Das Wetter ist diesig, trotzdem messen wir fast 45 °C bei extrem hoher Luftfeuchtigkeit. Es ist zu heiß, um im Truck zu übernachten. Aus der Not heraus verbringen wir drei Nächte in einem Hostel, zusammen mit vier anderen deutschen Overlandern – die wir zufällig im Oman und in Indien wiedersehen werden.

»Go!«

Als wir den Iran verlassen, sagt der junge Grenzbeamte am Hafen von Bandar Abbas nur: »Go!« Das soll so viel heißen wie: »Ja, jetzt geht endlich!« Für mich heißt das so viel wie: Ich kann es nicht glauben! Soll das etwa bedeuten, dass 13 Stunden Bürokratie – sinnloses Umherrennen, gefühlte 127 Formulare, die ausgefüllt und abgestempelt werden müssen, willkürliche Handling-Gebühren, in der Hitze warten, bis irgendwelche Offiziellen aus der Mittags- oder Kaffeepause wiederkommen – nun zu Ende sind? Dürfen wir endlich unser Auto auf die Fähre nach Dubai fahren? Tatsächlich.

DUBAI Ursprünglich wollten wir vom Iran auf dem Landweg über Pakistan nach Indien reisen. Leider haben wir kein Visum bekommen – und da Pakistan aktuell nicht zu den sichersten Reiseländern gehört, sind wir nicht allzu traurig. Die Fahrt wäre außerdem nur im Militärkonvoi möglich gewesen.

Also sind wir in den Emiraten gelandet, und von hier aus soll unser *Glaarkshouse* den weiten Seeweg nach Mumbai antreten. Da das Frachtschiff erst in zwei Wochen ablegt, erkunden wir in der Zwischenzeit den **OMAN**.

OMAN

Die unvergessliche Leichtigkeit des Seins

Oft sind es seltsame Zufälle oder spontane Planänderungen, die uns auf Reisen zu den ganz besonderen Orten und unvergesslichen Momenten führen.

JEN Ich erinnere mich an dunkle, kalte Wintertage in Deutschland, die voll von unseren Träumen, Plänen und Gedanken waren. Wir wollten gemeinsam nach Osten fahren, auf dem Landweg nach Indien. Ich erinnere mich an monatelange Vorbereitungen und an Situationen, die mich verzweifeln ließen. Wie du mich beruhigt hast, wenn ich die Nerven verloren habe. Ich erinnere mich an unsere Freude darüber – und unsere Furcht davor –, bald nicht mehr Herr über unser Leben zu sein, die Kontrolle über unser Dasein abzugeben, uns von einer Reise ins Ungewisse treiben zu lassen.

Kurz nach Weihnachten gab es Unruhen in Belutschistan, Tote in Quetta. Unser Visum für den Iran war in Arbeit, das Visum für Indien bereits im Pass. Ein Visum für Pakistan hatten wir aufgrund der Unruhen nicht bekommen. Es kamen keine Antworten auf unsere Mails, es gab viele Anrufe und schriftliche Anträge. Egal. Es wurde April und wir fuhren los. Vielleicht gibt es eine Möglichkeit, das fehlende Visum von unterwegs zu organisieren, dachten wir. Es gibt keine, wir reisen also nicht nach Pakistan. Inschallah. So soll es sein. Und so muss uns ein Schiff vom Süden des Iran nach Dubai bringen, und ein anderes von dort nach Indien. Das Schiff fährt nur einmal im Monat und das nächste werden wir verpassen. Das spätere Schiff erreicht Dubai erst im Oktober. Doch was tun wir in dieser Zeit? Das Bling-Bling-Shopaholic-Superlativ-Dubai interessiert uns nicht, vor allem nicht im gnadenlos heißen Hochsommer. Du schaust mit mir auf unsere kleine zerknitterte Weltkarte und wir überlegen gemeinsam, wie und wo wir die Wochen bis zur Abfahrt des Cargo-Schiffes verbringen können. Schnell sind wir uns einig: Wir fahren in den Oman.

Mit einigen Hindernissen reisen wir über die Landesgrenze der Vereinigten Arabischen Emirate in das Sultanat Oman. Es ist September, unerträglich heiß und noch viel feuchter. Die glühende Luft flirrt vor unseren Augen. Du versuchst, deine schweißnasse Kleidung zu ignorieren. Ich trage nach wie vor ein leichtes Kopftuch. Im Gegensatz zum Iran ist es keine Pflicht, doch mein Bauchgefühl sagt mir, dass es angemessen ist. Nicht so in Muscat, hier verbringen wir zunächst einige Tage, um deinen Geburtstag zu feiern. Ich schenke dir eine Pause: Drei Tage ohne Entscheidungen, drei Tage ohne Schwitzen, drei Tage ohne Fahren – drei Tage in einem Hotel. Lethargisch von der Hitze trinken wir das erste Glas Wein seit vielen Wochen. Am Abend lädst du mich am Hafen zum Essen ein. Wir blicken auf die Yacht des Sultans und trinken noch mehr Wein.

NACH DREI TAGEN HALTEN WIR FEST, DASS WIR ALL DAS NICHT BRAUCHEN.

Es brennt unter unseren ungewohnt sauberen Fingernägeln. Wir müssen zurück in unseren Truck, zurück auf die staubigen Straßen, zurück auf den Weg ins Ungewisse. Wir verlassen Muscat Richtung Süden. Dort soll es weniger feucht sein. Du fährst, und der starke, heiße Wind bläst dir um die Ohren. Die sengende Hitze flirrt auf der Straße, es scheint, als wäre sie mit einem Lineal gezogen worden.

Vor einigen Stunden haben wir die Hafenstadt Sur hinter uns gelassen. Du hältst am Straßenrand und sagst, dass du ans Meer schauen möchtest. Jetzt. Hier. Du biegst ab und wir fahren in Richtung der hohen Dünen, hinter denen wir das Meer vermuten. Diese Sandpiste würden wir mit einem gewöhnlichen Auto nicht fahren. Wir sind dankbar für unseren Truck, der sich geschmeidig durch den tiefen Sand gräbt. Nach einer halben Stunde erblicken wir den Strand, unseren Strand, unsere Bucht - türkisfarbenes Wasser und goldene Klippen, eine ruinenartige Fischerhütte aus Stein, Netze hängen daran, trocknen. Inmitten dieser Bucht parkst du unser Haus am Meer. Ich öffne die Türen und Fenster. Hier bleiben wir. Dieser Strand soll uns gehören. Zumindest borgen wir ihn uns. Etwa zehn Tage können wir völlig autark leben. Es ist genug Trinkwasser im Truck. Wir haben genug zu essen. Es gibt Sonne für den Strom. Du und ich. Ich und du. Das Meer. Mehr brauchen wir nicht. Du baust unser Vorzelt auf - Schatten und Schutz vor der gnadenlosen Sonne.

Am Nachmittag gehen wir zum Wasser. Du kühlst dich ab und ich beobachte dich. Deine Haare sind hell geworden in den letzten Monaten. Ich darf noch nicht ins Wasser. Wegen eines Sturzes von der Leiter des Unimogs in der arabischen Steinwüste habe ich frisch genähte Wunden an meinen Beinen. Du steigst aus der Brandung, schnappst mich und trägst mich vorsichtig ins Wasser. Du trägst mich weit hinaus und tauchst mich hinein, nur die verbundenen Beine nicht. Ich habe meine Arme fest um deinen Hals verschränkt. Ich küsse deine Schulter und schmecke das Salz auf deiner warmen Haut.

ICH VERRATE DIR ERST SPÄTER, WIE SEHR ICH DICH FÜR DIESEN MOMENT LIEBE.

Auf dem Weg zurück zum Truck entdecken wir große Spuren im Sand, und wir wissen genau, was sie bedeuten. Du lächelst mich an. Wir haben eine Mission für diese Nacht! Am Abend setzen wir uns in den Sonnenuntergang und beobachten eine Gruppe Delfine. Es ist fast ein wenig zu kitschig. Ich koche und wir essen. Wein kann man im Oman nicht kaufen, doch nach unserer Abstinenz im Iran fehlt uns nichts. Wir teilen unsere letzte Dose Cola wie den kostbarsten Rotwein - und sind glücklich.

Als es dunkel wird, laufen wir erneut zum Strand, verfolgen die bulldozerartigen Spuren und schleichen leise und vorsichtig durch den noch immer warmen Sand. Es ist stockfinster. Der Mond wird bald aufgehen. In Ras al-Hadd haben wir gelernt, wie man Riesenschildkröten beobachtet, ohne sie zu stören. Da! In gleichmäßigem Rhythmus wird Sand durch die Luft geschleudert. Wir nähern uns langsam, halten den Atem an und erblicken die riesige Grüne Meeresschildkröte. Wir verfolgen gespannt das Bemühen des Panzertiers. Baut sie ein echtes Nest? Oder wird es nur ein Täuschungsnest, um die Feinde der kostbaren Eier zu irritieren? Die Bewegungen scheinen ihr schwerzufallen. Wir sind fast versucht, ihr

zu helfen. Wir staunen gebannt. Es wird nur ein Täuschungsnest. Wir gehen weiter und entdecken noch viele Schildkröten. Da! Eine baut eine andere Form, ein wirkliches Nest? Wir beobachten ehrfürchtig und werden damit belohnt, der stolzen Mutter beim Legen von hunderten von Eiern zuzusehen.

Am Morgen schlafen wir lange und frühstücken spät. Wir bekommen Besuch. Ein paar Kinder aus dem nahen Dorf schauen vorbei. Die etwa Zehnjährigen sind etwas schüchtern, aber neugierig und freundlich und nach anfänglicher Zurückhaltung lassen sie sich unseren Truck zeigen. Die Augen sind groß, die Verwunderung ist noch größer. Wir können uns zwar kaum verständigen, doch die Jungs unterhalten uns den gesamten Nachmittag. Von nun an kommen sie uns jeden Tag besuchen.

SIE GEHÖREN AN DIESEN STRAND. DER STRAND GEHÖRT IHNEN.

Irgendwann werden sie vielleicht Fischer sein, so wie ihre Väter. Auch die schauen am Nachmittag vorbei. Sie reichen uns frisch gefangenen Thunfisch als Geschenk. Ich bringe Tee an ihre Hütte, an der sie ihre Netze flicken. Am Abend sind alle wieder verschwunden. Ich nehme den Fisch aus, brate ihn in unserer Außenküche und backe Brot. Du liest und schreibst. Gemeinsam genießen wir das

Festmahl im Sonnenuntergang. Ich frage dich, ob wir diese Tage jemals erlebt hätten, wären nicht unheimlich viele Dinge passiert, die wir nicht geplant hatten.

Wir leben völlig im Hier und Jetzt. Spüren das Sein. Das Sein, das nach nichts verlangt. Das nicht mit Vergangenem vergleicht, sich nicht nach Besserem sehnt, nicht verändert werden muss. Das einfach gut ist, wie es ist.

Am nächsten Morgen frage ich mich mit Blick auf das Meer, ob wir diese unvergessliche Leichtigkeit des Seins auch an einem anderen Ort erleben werden. Doch dann entdecke ich Spuren im Sand und verschiebe diese Frage auf morgen. Für heute Nacht haben wir eine Mission. ◊

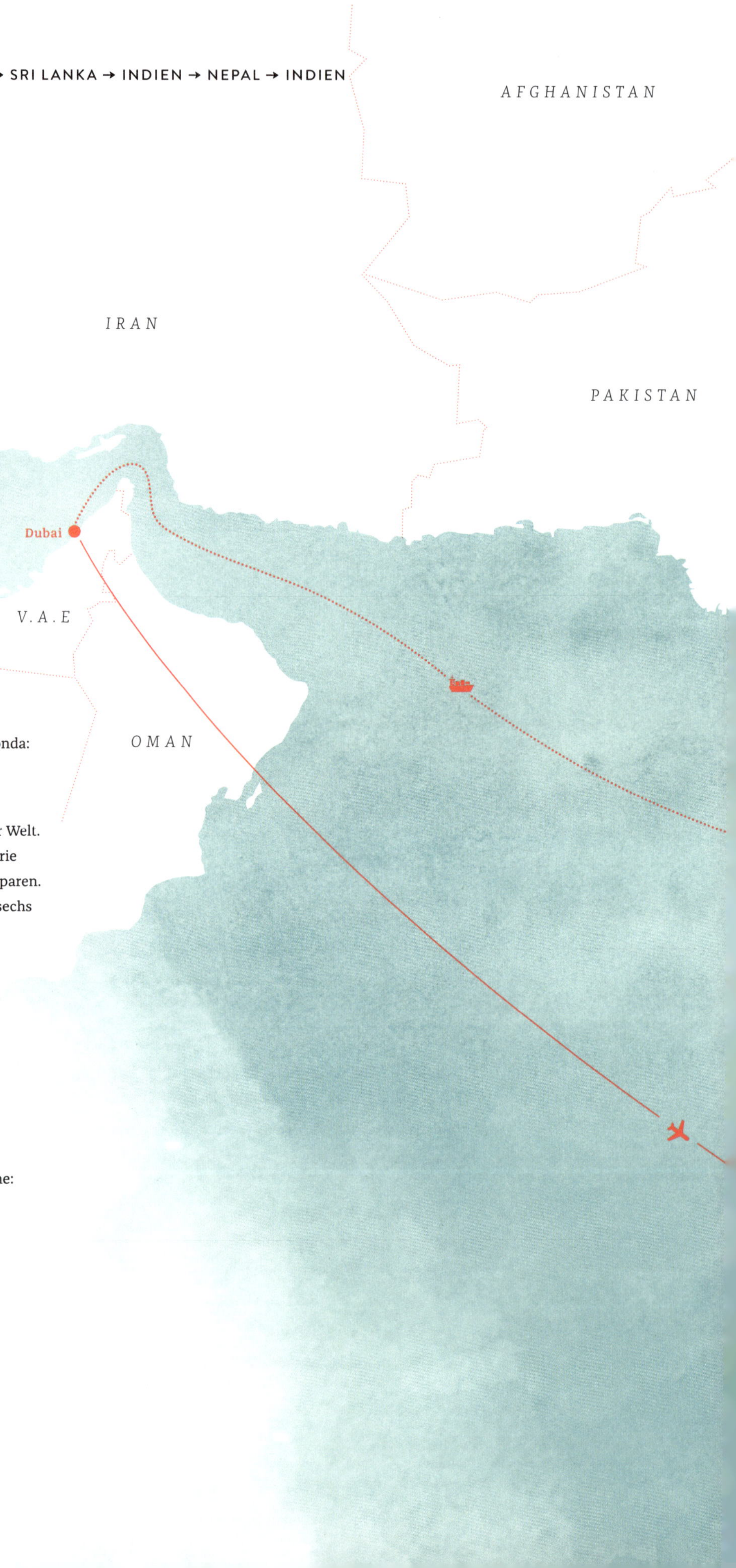

SRI LANKA

Unser Highlight: Die pittoresken Zugfahrten

Schönster Platz: Die Kleinstadt Ella im Hochland

Besonderheit für Reisende: Visa on Arrival

INDIEN

Unser Highlight: Spiti Valley im Himalaja

Schönster Stellplatz: Südliches Ende am Strand von Agonda: N 15° 1.823′, E 73° 59.399′

1 Liter Diesel: Euro 0,79

Besonderheit: Die vermutlich schlechtesten Straßen der Welt. Bei Mautstationen (Toll-Station) immer auf die Kategorie *Private Car* beharren und damit unheimlich viel Geld sparen. Die Höchstaufenthaltsdauer für das Fahrzeug beträgt sechs Monate pro Kalenderjahr. Ein Visum ist erforderlich.

Carnet de Passage erforderlich: ja

Straßenqualität: ☆☆☆☆☆☆☆☆☆☆

NEPAL

Unser Highlight: Der Annapurna Trek

Schönster Stellplatz: Erichs Overlander Camping in Pame: N 28° 14.163′, E 83° 54.407′

1 Liter Diesel: Euro 0,61

Besonderheit: Visa on Arrival kann in Kathmandu verlängert werden. Die Höchstaufenthaltsdauer für das Fahrzeug beträgt sechs Monate pro Kalenderjahr.

Carnet de Passage erforderlich: ja

Straßenqualität: ★★☆☆☆☆☆☆☆☆

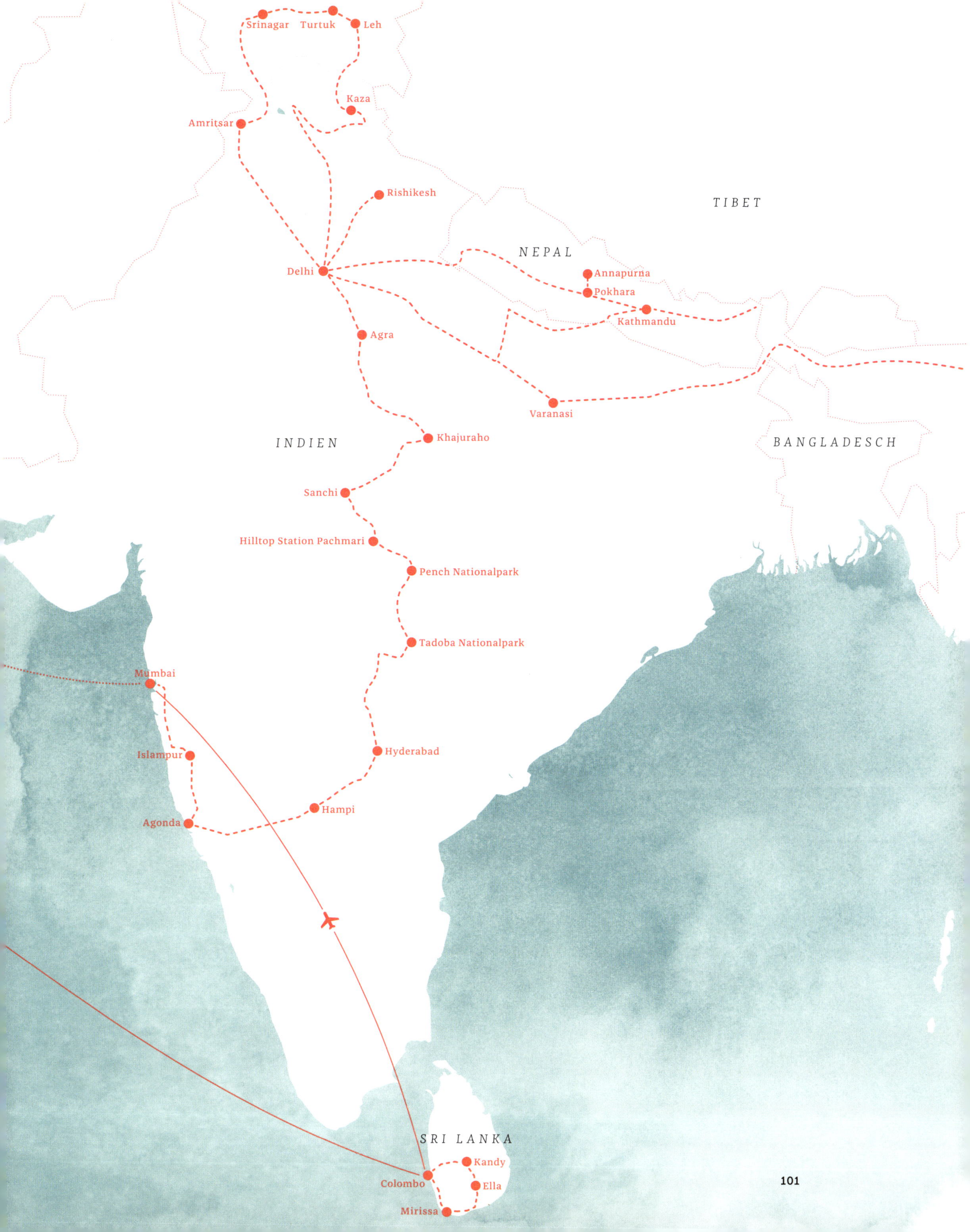
Srinagar
Turtuk
Leh
Kaza
Amritsar
Rishikesh
TIBET
NEPAL
Delhi
Annapurna
Pokhara
Kathmandu
Agra
Varanasi
INDIEN
Khajuraho
BANGLADESCH
Sanchi
Hilltop Station Pachmari
Pench Nationalpark
Tadoba Nationalpark
Mumbai
Islampur
Hyderabad
Hampi
Agonda
SRI LANKA
Kandy
Colombo
Ella
Mirissa

SRI LANKAS SÜDEN

Backpacker

Unser Auto ist auf hoher See. Wir erkunden derweil Indiens kleine Schwesterinsel mit dem Rucksack.

Wir sind wieder Backpacker! Aber wir vermissen unser fahrendes Zuhause. Diese sieben Quadratmeter Heimat, die uns gehören, die die wenigen Habseligkeiten beherbergen, die uns wirklich wichtig sind, in die wir uns - egal wo auf der Welt - zurückziehen können und wissen: Wir sind daheim.

Sri Lanka ist wirklich schön. Nach fünf Wochen auf der arabischen Halbinsel genießen wir das satte Grün um uns herum. Die Menschen wirken fröhlich, lachen viel. Es regnet, und der Regen ist wundervoll. Nach ein paar Tagen an der Küste bei Colombo setzen wir uns sechs Stunden in den Zug nach **KANDY**. Richtig ist: Wir stellen uns in den Zug nach Kandy. Denn die Züge auf Sri Lanka sind meistens sehr voll. Aber die Fahrt ist zauberhaft. Es geht hinauf in den Regenwald. Die Eisenbahn windet sich die Bergketten entlang und wir genießen die spektakuläre Aussicht. Es wird kühler. In Kandy suchen wir ein Guesthouse, mit einer

Rikscha. Das haben wir schon lange nicht mehr gemacht und überhaupt nicht vermisst. Aber wir finden ein kleines Guesthouse, in dem wir uns wohlfühlen. Wir verbringen ein paar entspannte Tage in Kandy, erkunden das Umland, besuchen Sri Dalada Maligawa, den Tempel, in dem Buddhas linker Eckzahn als Reliquie aufbewahrt wird. Der Zahn soll als Regenmacher wirken – hat funktioniert!

Schließlich ziehen wir weiter nach **ELLA**, das noch tiefer in den Bergen liegt. Es ist verschlafen, klein, sehr nach unserem Geschmack. Wir essen in einem Bäckerei-Post-Office-Minimarket-Restaurant das beste Curry auf der ganzen Insel (gleich beim Ortseingang links). Dann steht Jens Geburtstag an. Eine Badewanne muss her. Warum? Das ist einfach so. Die letzten paar Tage verbringen wir in einem wundervollen Strandhäuschen in **MIRISSA**.

ZUGFAHREN

Fast wie in Deutschland

Gleise auf Sri Lanka – und auf einmal sind sie zu lang!

PETER Ich bin kein Ingenieur, auch kein Gleisbauer. Mein technisches Verständnis fußt auf einem Physik-Grundkurs und ein paar praktischen Erfahrungen. Das hat mir bisher gereicht, um die Welt zu verstehen. Bis zu diesem Tage.

Wir fahren mit dem Bummelzug 3. Klasse von Kandy (mitten im Wald) nach Ella (mitten im Wald). Plötzlich kommt der Zug (mitten im Wald) zum Stehen. Jen spricht mit einem Einheimischen und erklärt mir im Anschluss, dass wir etwa 300 Meter von einem stillgelegten Bahnhof entfernt sind. Der Zug kann nicht weiterfahren. Irgendetwas ist mit den Gleisen. Das ist ja wie in Deutschland, denke ich. Es dauert sicherlich ein paar Stunden, bis es repariert ist.

Ich mache mich auf den Weg zu der Stelle an den Gleisen und kann es nicht glauben: Eine Gruppe von Männern in Flip-Flops hantiert an den meterlangen Stahlprofilen. Bolzen werden gelöst, Schienen angehoben und plötzlich fangen sie an, zu schneiden. Sie wollen die beiden Schienen um gut 20 Zentimeter kürzen. Die Gleisstücke waren wohl auf einmal zu lang. Damit alles wieder zusammenpasst, muss nun etwas weg. Das ist ja logisch, irgendwie. Ich frage nach, wann der letzte Zug hier entlanggekommen ist. Vor etwa drei Stunden lautet die Antwort. Wie

der Zug das wohl gemacht hat, wundere ich mich, konzentriere mich aber schnell wieder auf das Hier und Jetzt. Ob der Zug wohl umkippt, wenn wir gleich weiterfahren? Ob es besser wäre, auf der linken oder rechten Seite zu stehen oder ob Jen aussteigen sollte und ich ihr dann helfe, reinzuspringen, wenn wir daran vorbeigefahren sind?

Es dauert eine knappe Stunde, bis die beiden Gleise gekürzt, die Schienenstücke wieder miteinander verschraubt, die Bolzen in die Holzplanken eingeschlagen und die Gleise mit viel Hebel und Augenmaß gerade gerückt sind. Es kann weitergehen. Und es funktioniert, irgendwie.

Und das war nun ganz und gar nicht wie in Deutschland. Da würden wir wahrscheinlich jetzt noch auf der Stelle stehen und auf die erste Durchsage warten. ◇

UNABHÄNGIGKEIT

Warum wir mit dem Auto reisen

Heimweh nach unserem *Glaarkshouse*

PETER Rückblick: Es ist unerträglich heiß. Die Straße ist furchtbar schlecht. Vor schlappen zwölf Stunden bin ich mit dem Bus in Guatemala City losgefahren. Ölige Teigtaschen vom letzten Umstieg in der fettigen Tüte. Ein Knoblauch (und noch vieles andere) ausdünstender Sitznachbar. Vollkommen übermüdet, durchgerüttelt, durchgeschwitzt und hungrig schlage ich an einem trostlosen Busbahnhof auf. Mühsam sind alle Habseligkeiten wieder im Rucksack verstaut, alle Gliedmaßen einigermaßen zurechtgerückt. Tief Luftholen! Dann trete ich hinaus in die knallharte Reiserealität! *»Mister! Come come! Taxi! You need taxi?« »Mister! Mister! I know a very good Guesthouse!« Paawauw!* Der nächste Schlag! Acht *My Friends* bedrängen mich und schreien etwas von *the nicest, the cheapest, the best location in town, the you-will-never-want-to-leave-again ... Hotel! Restaurant! ... »Come! Very good price for you!« ...* Ich bin angekommen!

Das ist nur einer von vielen Gründen, warum ich eine Langzeitreise lieber mit dem eigenen Fahrzeug machen wollte.

Reisen mit dem Rucksack ist wunderbar. Ich habe es geliebt. Jen auch. Aber dauernd? Rund um die Uhr? Für ein bis zwei Jahre? Auf unbestimmte Zeit? Vielleicht bin ich älter und eigener geworden? Ich liebe es, meinen eigenen Raum zu haben. Egal wie klein er ist. Einen Raum, den ich so gestalten kann, wie er mir gefällt. Meine Sachen sind mehr oder weniger immer an der gleichen Stelle, mein Chaos ist – wie zu Hause – komplett selbst verschuldet. Wir können diesen eigenen, ganz privaten Raum, unser Auto, überall hinstellen. Und wir sind angekommen, egal wo.

Wir sind beide sehr naturverbunden, es zieht uns immer an Flüsse, ans Meer, in Wälder, Wüsten, Berge. Mit unserem Unimog müssen wir uns wegen der Beschaffenheit der Wege, die uns dorthin führen, nicht allzu viele Gedanken machen. Wir finden (fast) immer ein traumhaftes Fleckchen, an dem wir den Sonnenuntergang genießen können. Mit der Nacht und der Dunkelheit kommen all die spannenden Geräusche: das Wellenrauschen an einem einsamen Strand, das Vogelorchester oder Insektenkonzert im Urwald, grasende Herden, die im Schutz der Nacht vorbeiziehen, die perfekte Stille in der Wüste und dieses Rascheln, von dem wir nicht genau wissen, woher es kommt. Mitten in der Natur zu stehen, die beeindruckende Landschaft wahrzunehmen, den Geruch von Erde, Wald, Wasser, Stein aufzusaugen und die Einsamkeit zu fühlen, das sind die besonderen Momente, die ich durch unser eigenes Fahrzeug sehr oft und sehr intensiv erlebe.

ÜBER ALLDEM STEHT DAS GEFÜHL VON SELBSTBESTIMMUNG, FREIHEIT, UNABHÄNGIGKEIT.

VOM WEITERZIEHEN, WANN ICH ES WILL – UND WIRKLICH NUR DANN.

Dann tauche ich ein in das Leben in einem fremden Land – denn auf der Straße ist das Leben! Auf der Straße sind die Menschen auf dem Weg zur Arbeit, zum Markt, zu ihren Liebsten, zum Essen. Zweiräder werden repariert, Vierräder auch, Tiere kreuzen die Straßen, wir fragen nach dem Weg, finden ihn oder auch nicht, werden angesprochen. An der Tankstelle versucht man uns über den Tisch zu ziehen, wir lachen, staunen und wenn wir wollen, halten wir an und sind angekommen. Bis wir weiterfahren.

Natürlich ist das Reisen mit dem eigenen Truck nicht immer nur romantisch. Technische Probleme oder die tagtägliche Wartung des Fahrzeugs bremsen uns oft aus. Aber – und das lerne ich unterwegs – es gibt immer eine Lösung. Und was gibt es Lohnenswerteres als eine Lösung zu einem echten Problem gefunden zu haben?

So reisen wir und erfahren Kilometer für Kilometer, was »Der Weg ist das Ziel« eigentlich bedeutet. ◇

MUMBAI & MAHARASHTRA

Richtfest

Gleich morgens werden wir mitten in die indische Kultur katapultiert.

अनारकली
BAP
1953

JEN Wir sind nach dem Empfang unseres Autos aus Mumbai geflohen, um uns auf dem Weg nach Süden langsam an Indien zu gewöhnen. Es ist Diwali, das Lichterfest - bunte, laute Feiertage im bunten, lauten Indien - als wir nach achtstündiger Fahrt in dem kleinen Dorf Islampur direkt neben einem Hindu-Tempel unser Nachtlager aufschlagen. Wir sind sehr erschöpft und beide stark erkältet. Wir wollen einfach nur schlafen. Da die Tür vom *Glaarkshouse* wegen der Hitze noch offen steht, dauert es nicht lange, bis erste neugierige Besucher vor der Trittleiter stehen. Trotz der Müdigkeit reißen wir uns zusammen und schauen kurz raus - stehen wir doch mitten in einer kleinen Wohnsiedlung und wollen nicht unhöflich sein. »Happy Diwali«, ruft uns die Gruppe Inder fröhlich zu und überreicht uns einen riesigen Teller Gebäck. Unter ihnen ist der Bürgermeister des Dorfes. Sie laden uns spontan zum Dinner ein, schließlich ist doch Diwali. Aufgrund unserer Erkältung verneinen wir jedoch höflich, allerdings nicht ohne uns das Versprechen abnehmen zu lassen, wenigstens morgen in der Früh vor unserer Weiterfahrt zu einem kurzen Frühstück über die Straße zu kommen.

Nach erholsamem Schlaf stehen wir hungrig und pünktlich um neun auf Nachbars Matte. Doch alle sind ausgeflogen. Sie sind auf der Einweihungsfeier einer neuen Kolonie des Dorfes (so etwas wie ein Richtfest, denken wir), erzählt die zu Hause gebliebene Tante, wir sollen aber kurz vorbeischauen, dort gäbe es wie versprochen ein Frühstück für uns. Wir fahren zwei weiteren Nachbarn hinterher und stehen nach wenigen Minuten in der neuen Kolonie, inmitten von etwa fünfzig wartenden Indern. Plötzlich schwant uns etwas. Wir steigen aus und werden im Spalier in die Mitte der Menschen geführt und ohne Vorwarnung wird Peter blitzschnell zum Hauptakt dieser Veranstaltung. Er allein weiht die Kolonie unter genauesten Anweisungen auf den Namen *Anandvan* (*Anan* bedeutet *Be happy*), indem er eine Blumengirlande über ein Schild hängt, das Schild mit verschieden farbigen Pudern betupft, eine zeremonielle, feuchte Kokosnuss-Spaltung vornimmt (ich bin ganz überwältigt von den ungeahnten Fähigkeiten meines Mannes) und sich schließlich selbst mit roter Farbe die Stirn bemalen lässt. Dazu werden viele unverständliche Verse gemurmelt (nicht von Peter). Wir müssen uns setzen, während der Bürgermeister eine etwa zehnminütige Rede hält, aus der etwa fünfmal das Wort *German* zu vernehmen

ist. Das ist alles, was wir in diesem Moment verstehen. Uns beiden werden kamerawirksam Blumengestecke überreicht, mit denen wir anschließend mit fast jedem der Anwesenden einzeln – und in unterschiedlich zusammengestellten Gruppierungen – fotografiert werden. Dann dürfen wir uns erheben, werden in einen Neubau eskortiert und erneut mit Diwali-Süßigkeiten verwöhnt – bis wir schließlich das versprochene Frühstück und Chai erhalten. Es macht uns kaum noch nervös, dass uns fünfzig Inder dabei gegenübersitzen, uns beim Essen zuschauen und fotografieren. Nach insgesamt zwei Stunden dürfen wir gehen. Ein fast gewöhnlicher Vormittag in einem indischen Dorf.

Welcome to India! ◇

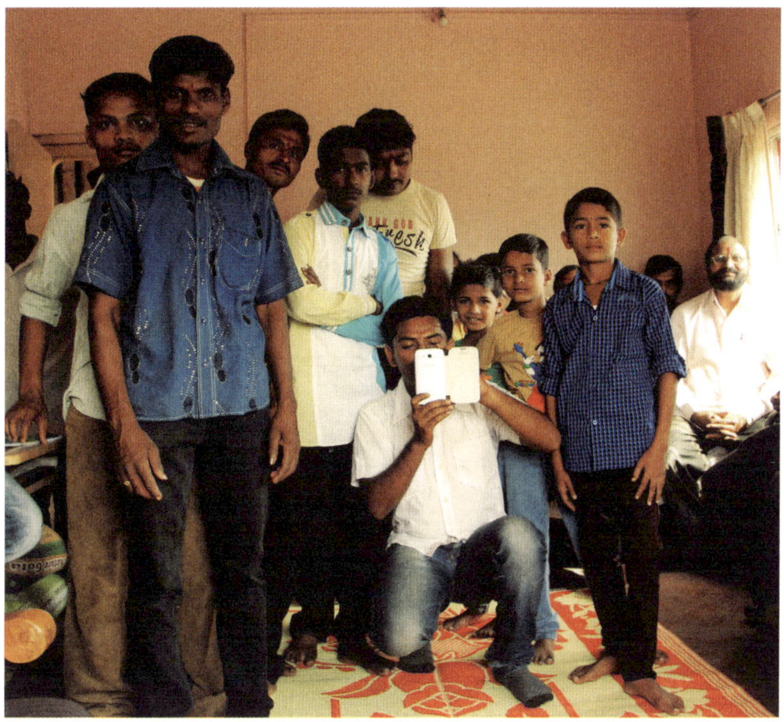

Merry Christmas! Agonda, im Süden Goas, ist fast für jeden, der mit dem Fahrzeug nach Indien fährt, ein Begriff. Es ist, so sagt man, der Overlander-Stellplatz schlechthin. Wir beschließen, da wir ja nicht unter Zeitdruck stehen, eine kleine Auszeit von unserer Reise zu nehmen – »Reiseferien« sozusagen! Freunde aus Deutschland kommen ebenfalls, und wir feiern gemeinsam ein alternatives Weihnachtsfest.

Wir genießen es, uns nicht um den nächsten sicheren Schlafplatz oder die nächste Route kümmern zu müssen. Wir genießen es, nicht jeden Morgen alles fahrbereit und stoßfest verriegeln zu müssen und machen es uns vor dem *Glaarkshouse* richtig gemütlich: mit einer komplett eingerichteten Außenküche und einem Grill aus Hasengittern sowie viel Zeit und Hingabe bei der Zubereitung von herrlich frischen, lokalen Lebensmitteln.

ELECTRIC HOUSE

INDIEN

Horn Please

Nach zwei Monaten im Süden Goas sind wir wieder unterwegs. Wir wollen dieses Land erkunden, uns treiben und überraschen lassen.

HAMPI Die Ruinenstadt Hampi in Karnataka ist eine beliebte Backpacker-Destination. Sie ist seit 1986 UNESCO-Weltkulturerbe und war zwischen dem 14. und 16. Jahrhundert Hauptstadt des letzten großen Hindu-Reichs Vijayanagar. Zu ihrer Blütezeit lebten dort über 100 000 Einwohner. Heute sind vor allem die zahlreichen Tempel aus Granit erhalten. Eigentlich wollen wir mit dem Truck in die Anlage fahren, doch aufgrund eines Tempelfests, bei dem mehrere hunderttausend Pilger erwartet werden, ist die Anlage großräumig gesperrt und abgesichert. Also übernachten wir auf einem Feld in der nahe gelegenen Stadt Hospet und fahren mit den Rädern nach Hampi. Obwohl Fahrräder in Indien zu den alltäglichen Fortbewegungsmitteln gehören, sind unsere Falträder eine kleine Sensation. Die Räder werden begutachtet, von Jung und Alt für kurze Rundfahrten ausgeliehen und es wird vermutlich als Verschwendung angesehen, dass wir allein auf einem Rad sitzen.

Hampi ist auch bei den Indern eine beliebte Ausflugsdestination. Familien, Schulklassen und Reisegruppen werden durch die Anlage geschoben. Kein Wunder, dass eine rege touristische Infrastruktur mit unendlich vielen Souvenirläden und Straßenrestaurants, den sogenannten Dhabas, geboten ist.

Die Ruinen erstrecken sich über eine Fläche von über 26 Quadratkilometern. Wir verbringen zwei Tage dort und sehen nur einen Bruchteil der Anlage. Trotz der vielen Menschen finden wir immer wieder kleine Oasen der Ruhe und erholen uns hier und da in einem der kleinen Dhabas.

HYDERABAD – das Zentrum der indischen Cyberindustrie – stellt nicht unbedingt ein touristisches Highlight dar. Doch da Peter vor unserer Reise sehr oft geschäftlich hier war und einen guten Bekannten in der Stadt hat, beschließen wir spontan, Srini und seine Familie zu besuchen. Wir können direkt vor ihrem Haus parken und besuchen alle gemeinsam nicht nur Peters alte Wirkungsstätte, sondern auch das Cyber-Viertel, das Golkonda Fort, viele Tempel und Moscheen. Dazwischen werden wir von Srinis Frau Deepti gefühlt zehnmal am Tag mit lokalen Spezialitäten bekocht – unter anderem gibt es das berühmte grüne Hyderabadi Biryani, ein scharfes Reisgericht mit viel Koriander. Als Überraschung lädt Srini an unserem letzten Abend einige alte Arbeitskollegen von Peter ein.

Srinis Tochter und die Nachbarskinder sind ganz aus dem Häuschen wegen des Monstrums von Auto, das vor dem Haus steht. Mehrfach wird uns angeboten, das Gästezimmer im Haus zu nutzen und wir ernten unverständliche Blicke, als wir darauf bestehen, im *Glaarkshouse* zu schlafen.

Mitten im Golkonda Fort befindet sich ein in Stein gehauener Hindu-Tempel. Erschreckend finden wir bei fast allen Sehenswürdigkeiten des Landes den Umgang mit Müll. Das Fort ähnelt hinter vielen Mauern eher einer Müllkippe als einer Festung.

TADOBA NATIONAL PARK, MAHARASHTRA Nachdem wir die Cybercity Hyderabad verlassen haben, keimt das dringende Bedürfnis nach Natur in uns auf. Wir wollen uns weiter nördlich auf die Suche nach den wenigen indischen Tigern in Freiheit machen. Wir machen eine morgendliche Safari und auch wenn wir nicht besonders viele wilde Tiere entdecken, erleben wir dennoch für wenige Minuten einen Tiger in freier Wildbahn. Ein atemberaubendes Erlebnis zum Sonnenaufgang!

Der Pench National Park in Madhya Pradesh ist ein echtes Kleinod: Ein gigantischer Teakholz-Bestand mit rund 30 Tigern auf einer Fläche von nur 299 Quadratmetern. Der Park stellt sich als traumhaft schön heraus, auch wenn wir keine Tiger aufspüren.

Einen Nachmittag verbringen wir auf der Cricket-Wiese eines kleinen Dorfes mitten im Nationalpark – umringt von der gesamten Dorfjugend, die auf einmal so gar keine Lust mehr auf Cricket hat.

HILL TOP STATION PACHMARI Die Hilltop Station Pachmarhi, die schon zu Kolonialzeiten von den Engländern aufgesucht wurde, um vor der Hitze der Monsunzeit zu fliehen, begrüßt auch uns mit einem angenehmen Klima und einer herbstlichen Anmutung. Eigentlich wollen wir uns hier einfach nur in der schönen Natur erholen, doch da wir bei einer hitzigen Diskussion im Auto einen Baum übersehen und unser Solarpanel schrotten, verbringen wir die Tage mehr oder weniger mit Ärger über uns selbst sowie der Überlegung, wie und wo wir hier mitten in Madhya Pradesh an eine neue Solaranlage kommen. Noch wissen wir nicht, dass uns dieses Vorhaben viele Umwege und unendlich viele Nerven kosten wird. Im Rückblick sind wir allerdings froh über diesen kleinen Unfall, da wir uns mit der neuen und stärkeren Solaranlage nie mehr Sorgen um die nötigen Sonnenstunden oder Einfallswinkel machen müssen. Wir haben fortan immer genug Strom.

SANCHI Nach einigen Recherchen für unsere Solaranlage setzen wir unsere Reise nach Norden fort. Die staubigen Straßen von Bhopal über Sagar sind eine Höllenqual. Aber es hilft nichts. Wir wollen nach Norden. Die buddhistischen Stupas in Sanchi aus dem 3. Jahrhundert v. Chr. liegen auf dem Weg sowie die berühmten erotischen Skulpturen der vielen Tempel in Khajuraho aus dem 10. und 12. Jahrhundert n. Chr. Von Moskitos geplagt, aber von den dargestellten wilden Orgien amüsiert, schlendern wir zwei Tage lang durch die Anlage und verbringen unterhaltsame Abende – wieder auf einem Cricketfeld.

Der Taj Mahal in Agra ist das Highlight auf dem Weg nach Delhi. Der Großmogul Shah Jahan ließ die Anlage im Jahr 1631 zum Gedenken an seine Frau Mumtaz Mahal erbauen. Wir haben keine großen Erwartungen an eines der »neuen sieben Weltwunder«, rechnen mit unendlichen Touristenströmen und einem Souvenir-Overkill. Umso mehr sind wir überrascht, dass uns das sagenumwobene Gebäude in den frühen Morgenstunden in einem besonderen Licht in seinen Bann zieht. Die Schönheit des Mausoleums und seiner Nebengebäude (Foto) ist wahrlich atemberaubend und wir verbringen mehr Zeit als geplant am vielleicht saubersten Ort des ganzen Landes. Agra selbst ist eher unspektakulär, laut, staubig und hektisch. Wir parken im Garten des Hilltop Hotels und sind froh, dort etwas vom Lärm der Stadt geschützt zu sein.

RISHIKESH Wirklich schön gelegen am Ufer des Ganges und am Fuße des Himalaja liegt die weltbekannte Pilgerstadt Rishikesh. Unzählige Tempel und Ashrams säumen das Ufer von Mother Ganges - ein Magnet für Touristen, Pilger und Yogis aus der ganzen Welt. Schon die Beatles haben hier nach Erleuchtung gesucht. Und wer weiß, vielleicht auch gefunden.

Wir parken oberhalb des bekannten Parnath Ashrams auf einem öffentlichen Parkplatz und nehmen uns drei volle Tage Zeit für die Yoga-Hauptstadt der Welt, besuchen stimmungsvolle Pujas am Fluss, überlegen, ein paar Tage in einem Ashram zu verweilen, verwerfen diesen Gedanken aufgrund des Touristen-Overkills und unternehmen ein paar entspannte Wanderungen fernab des Trubels in Richtung der Berge. Die Vorfreude auf den Himalaja steigt beim Blick auf die weißen Gipfel.

Leider ist auch hier der Müll die Never Ending Story. Die Schönheit, Kultur und Geschichte des Landes verliert ihren Charme durch den Zustand der Umwelt. Straßen und Wege sind meist lückenlos von Plastikverpackungen, Dosen, Tüten und Flaschen bedeckt. Schockierend ist immer wieder die Selbstverständlichkeit, mit der der Müll von Jung und Alt weggeworfen wird.

Mann sein in Indien

Ein Vorfall mit Konsequenzen

PETER Bevor ich meine Frau vor neun Monaten heiratete, wusste ich nicht, wie es ist, ein Ehemann zu sein. Wird sich unsere Beziehung ändern? Werde ich mich ändern? Wird die Verantwortung mich ändern?

Es fühlt sich anders an – wir sind eine kleine Familie geworden. Da ist eine Verantwortung. Und das ist wunderbar. Wobei ich ehrlicherweise zugeben muss, dass ich nicht genau weiß, ob es allein an der Ehe liegt oder daran, dass wir zusammen in ein großes Abenteuer gesprungen sind. Wir fahren mit unserem Zuhause durch die Welt. Auch vor unserer Heirat waren wir beide unabhängige und selbstständige Menschen. Wir kamen sehr gut alleine zurecht. Und wir haben es sehr genossen, Dinge auf eigene Faust zu tun.

Seit wir losgefahren sind, haben wir in den unterschiedlichsten Gegenden übernachtet, auf den unübersichtlichsten Märkten eingekauft, mit den zwielichtigsten aber auch mit den wundervollsten Menschen gesprochen und wir haben allerlei Dinge auch ganz alleine gemacht. Natürlich habe ich mich jedes Mal riesig gefreut, wenn Jen wieder zurück war. Weil ich sie vermisst habe. Und nicht vor Erleichterung, weil nichts passiert war. Nach ein paar Monaten auf Reisen kam mir das ganz normal vor, dass auch jeder mal für sich loszieht. Dass wir auf einem Basar mal ganz in Ruhe alleine stöbern und uns nicht nur händchenhaltend fortbewegen. Dass wir an der Tankstelle oder vor einer Werkstatt beide aus dem Auto springen. Dass Jen von anderen Männern und Frauen höflich angesprochen wird. Dass ich meiner Frau nicht immer die Tür des Unimogs aufhalte. Dass ich auch nach Einbruch der Dunkelheit nicht überlege, ob es okay ist, irgendwo auszusteigen. Ganz einfach: Wir reisten bis jetzt als selbstständige Menschen.

BIS ZU DIESEM TAG, AN DEM SICH ALLES SCHLAGARTIG VERÄNDERTE.

Natürlich sind die ungeheuerlichen Grausamkeiten, die in jüngerer Vergangenheit indischen genauso wie nicht-indischen Frauen angetan wurden, nicht an uns vorbeigegangen. Natürlich haben wir die Berichterstattungen verfolgt, Meinungen von Indern eingeholt, Kommentare gelesen. Und natürlich haben wir versucht, offen zu bleiben und nicht alle 1,3 Milliarden Inder (oder die mindestens 650 Millionen indischen Männer) in einen Topf zu werfen. Und ich wage zu behaupten, dass es uns gelungen ist, weil wir hier so wunderbare Menschen kennenlernen durften, weil wir zusammen gelacht, gelernt, diskutiert und verstanden haben. Aber dann war diese Offenheit plötzlich weg und Misstrauen und Vorsicht kamen. Große Vorsicht!

Am helllichten Tag springt Jen aus dem Auto, um an einem Stand ein paar Früchte zu kaufen. Ich bleibe sitzen. Sie kommt zurück, steht vor der geöffneten Beifahrertür und sagt lachend und freundlich wie immer zu jemandem, den ich nicht sehen kann: »No, thank you«. Sie wiederholt es mit etwas mehr Nachdruck und dreht sich um, will in den Truck steigen. Und plötzlich sehe ich einen fremden Arm, der fest um die Taille meiner Frau greift. Sie schreit und knallt die Tür zu. Ich springe aus dem Auto und renne auf die andere Seite. Vor mir steht ein Mann, der mir schmunzelnd eine Kichererbse vor die Nase hält. Brüllend, mit gehobener Hand verdeutliche ich ihm, dass er nie wieder meine Frau anzufassen hat, dass er nie wieder eine Frau anzufassen hat!

Ob er mich verstanden hat? Ob er debil ist? Oder einfach nur bekifft? Ich weiß es nicht. Ob ich ihm gerne zwischen die Beine getreten hätte? Ja! Ob ich es bereue, dass ich es nicht getan habe? Wenn ich manchmal genervt bin, dass wir uns gezwungen fühlen, so vorsichtig zu sein, dann ja! Das öffentliche Bloßstellen durch meinen Tadel auf offener Straße war wahrscheinlich effektiver für seinen Lernprozess (so meine naive Hoffnung). Es war aber nicht unbedingt heilsamer, um diese Situation schnellstmöglich bewältigen zu können – für keinen von uns beiden.

Was bleibt, ist die Vorsicht: Ich will im Augenblick nicht, dass Jen hier alleine loszieht. Am helllichten Tag alleine ein paar Früchte einzukaufen, fühlt sich für uns momentan seltsam an. Sie geht jetzt fast nirgends mehr alleine hin. Weil es mir lieber ist. Und weil sie sich nicht mehr traut. Und ich begleite sie zur Autotür und schließe diese hinter ihr. Schade! Dieser einzige Vorfall, der auch in jedem anderen Land hätte passieren können, hat ausgereicht, um unsere Befürchtungen und vor allem mögliche Konsequenzen für unser Verhalten Wirklichkeit werden zu lassen.

Mann sein kann ganz schön anstrengend sein. Aber wie muss Frau sein in Indien sein? Und auch an vielen anderen Orten dieser Welt. Und wie traurig ist es, dass wir darüber nachdenken müssen. ◇

WELCOME
TO
NEPAL
सन्‌राइज बैंक लिमिटेड
SUNRISE BANK LIMITED
SUNRISE BANK LTD
RISING TO SERVE
www.sunrisebank.com.np

ANNAPURNA CIRCUIT TREK

Einatmen, Ausatmen

Tagebuch einer Wanderung

30. MÄRZ // PAME BAZAR, BEI POKHARA

Wir haben auf einem Overlander-Campingplatz Argid und Raimund kennengelernt, mit denen wir bald durch China fahren wollen. Sie haben schon viele Treks in Nepal bewältigt. Sie erzählen und wir beschließen spontan: Den Annapurna machen wir!

31. MÄRZ // POKHARA

Auch als Kurzentschlossene müssen wir einen TIMS-Pass (Trekkers Information Management System) sowie ein Annapurna Conservation Area Ticket besorgen. Also Geld abheben, Passfotos machen lassen, Pässe ausstellen lassen und – weil das alles ja recht spontan zuging – das bestehende Equipment aufstocken: Wasserflaschen, Handschuhe, Wanderstöcke, Water Purifier, Müsliriegel, Blasenpflaster, eine Trekkinghose für Jen, Kerzen, eine gute Wanderkarte.

1. APRIL // NGADI (930 METER) // KAMALA LODGE

Wir fahren nach Besishahar, dann nach Bhulbhule. Die Schuhe werden geschnürt, der Rucksack wird geschultert und los! Wir wandern eine Stunde nach Ngadi und verbringen dort die Nacht zum ersten Mal seit langem nicht im *Glaarkshouse*. Die Unterkunft ist sehr einfach: Plumpsklo auf dem Hof, eiskalte Dusche neben dem Klo, das Zimmer zugig und kalt.

2. APRIL // JAGAT (1300 METER) // ECO HOME

Idyllische, kleine Dörfer, viele Kühe und Büffel begegnen uns. Es ist sehr heiß. Am Nachmittag regnet es, doch wir schaffen es noch, trocken im Guesthouse zu landen. Es gibt eine warme Dusche.

3. APRIL // DHARAPANI (1860 METER) // THE SEVEN HOTEL

Schon früh morgens regnet es sehr stark. In voller Regenmontur geht es fast den ganzen Tag über Steintreppen auf und ab durch die Wälder. Wir erreichen ein weites, wunderschönes Tal. Die Gegend verändert sich. Gebetsmühlen und buddhistische Fahnen säumen den Weg.

4. APRIL // CHAME (2700 METER) // MONA LISA GUESTHOUSE

Der Vormittag ist sportlich, es geht steil bergauf. Gewaltige weiße Bergspitzen tauchen um uns herum auf, traumhaft.

5. APRIL // CHAME (2700 METER) // SHANGRI-LA GUESTHOUSE

Nach einer schlechten Büffelmilch am Vortag und einer entsprechend unschönen Nacht für Jen entscheiden wir uns für einen Tag Pause in Chame, den wir mit schlafen, lesen und spazieren gehen verbringen. Es ist kalt, wir mummeln uns in Decken ein.

6. APRIL // LOWER PISANG (3200 METER) // PEAK HOTEL

Wir sind wieder topfit und wandern gemütlich durch immer noch grüne Täler. Hängebrücken, Wälder, wilde Pferde und Gebetsmühlen begleiten uns. Zum Akklimatisieren steigen wir zum Lunch nach Upper Pisang, um zum Schlafen wieder etwas niedriger zu sein. Die Empfehlung »Go high, sleep low« tut uns beiden den ganzen Trek über gut. Wir genießen eine warme Dusche, frieren aber dennoch den Rest des Abends.

7. APRIL // BHRAKA (3360 METER) // NEW YAK HOTEL

Wir wandern den wunderschön pittoresken Upper Trail Richtung Manang, durch grüne Nadelwälder, vorbei an glasklaren Seen, unterhalb von weißen Bergspitzen.

8. APRIL // MANANG (3500 METER) // HIMALAYAN SINGI G.H.

Ein sehr steiler Weg führt zum Ice Lake auf 4600 Meter. Zum ersten Mal sind wir über 4000 Meter. Wir atmen noch! Am Nachmittag laufen wir noch entspannt von Bhraka ins 25 Minuten entfernte Manang und belohnen uns mit einem leckeren Schokocroissant. Wie aus dem Nichts tauchen hier plötzlich kleine Bäckereien mit allerhand Köstlichkeiten auf. Wir duschen nicht mehr. Wir würden nicht mehr warm werden, man kann sich nirgends mehr aufwärmen. Eine Katzenwäsche muss reichen.

9. APRIL // AKKLIMATISIERUNGSTAG IN MANANG

Hier sollen alle Trekker einen Tag Pause machen. Manche spüren ein wenig die Höhe, haben leichte Kopfschmerzen oder einen unruhigen Schlaf. Wir besorgen uns ein wenig Proviant für die kommenden Tage (hier ist alles wieder etwas günstiger, weil es einen Flughafen gibt), besuchen brav die kostenlose *Lecture about Altitude Sickness* einer internationalen NGO und ruhen uns ein wenig aus.

10. APRIL // YAK KARKHA (4018 METER)

Erholt und entspannt machen wir uns weiter auf den Weg. Die Landschaft wird karger, wir sehen keine Bäume mehr. Dafür beeindruckende Yaks. Nachmittags wandern wir zum Tee noch in das etwas höher gelegene Ledar (4200 Meter). Ein Fußbad sorgt kurz für Wärme. Mittlerweile tragen wir fast alles, was wir dabei haben, um uns vor der Kälte zu schützen.

11. APRIL // THORONG PHEDI (4450 METER)

Jen hat keine Lust mehr, keine Motivation. Doch sie rafft sich auf und freut sich, als wir in Phedi ankommen. Nach einer kurzen Stärkung laufen wir zum High Camp (4900 Meter) – so sehen wir schon, was uns zu Beginn des kommenden Tages beim Aufstieg zum Pass erwartet. Und dann beginnt es zu schneien. Und es hört nicht mehr auf. Wir sind aufgeregt! So wie alle anderen etwa 40 Personen im Dining Room der Lodge in Phedi. Es ist äußerst kalt draußen. Das Wasser in unseren Flaschen gefriert im Zimmer. Wir legen uns bereits mit der Kleidung ins Bett, die wir zum Aufstieg tragen wollen.

12. APRIL // THORONG LA PASS (5416 METER) // MUKTINATH

Nach einer unruhigen Nacht stehen wir um halb vier auf, um nach einem kurzen Frühstück exakt um halb fünf aufzubrechen. Es ist stockfinster und bitterkalt. Mit Stirnlampen treten wir den steilen Anstieg zum High Camp an. Alles ist weiß. Der Anblick der Gipfel im Sonnenaufgang lässt uns das mühsame Gehen fast vergessen. Man spürt die Höhe, die Kälte und dennoch freuen wir uns auf den Pass. Nach etwa vier Stunden haben wir es tatsächlich geschafft: 5416 Meter! Wir weinen fast vor Freude. Vielleicht auch ein wenig vor Erschöpfung. Das Gefühl nach fast zwei Wochen Wanderung ist überwältigend.

Aber wir müssen noch weiter. Der nächste Ort liegt etwa 1600 Meter tiefer. Wir haben noch einen langen Weg vor uns und das im Tiefschnee. Es beginnt wieder zu schneien, die Sicht ist schlecht. Wir sind müde. Um eins erreichen wir Muktinath. Hungrig wie noch nie essen wir zwei warme Mahlzeiten hintereinander und genießen die erste heiße Dusche seit Tagen. Wir schlafen früh, tief und fest.

13. APRIL // JOMSOM (2720 METER) // TILICHO HOTEL

Viele steigen in Muktinath schon in einen Jeep, der sie nach unten bringt. Wir wollen zumindest noch auslaufen und wandern gemütlich, wenn auch erschöpft, nach Jomsom. Heute ist der Wind gegen uns. Am Nachmittag erreichen wir das Bergdorf. Die Wanderschaft ist abgeschlossen. Mehr als 170 Kilometer und 8000 Höhenmeter liegen hinter uns. Noch begreifen wir gar nicht, was wir geschafft haben. Wir essen für zwei und freuen uns, dass es nicht mehr ganz so kalt ist.

14. APRIL // ZWEITER TAG IN JOMSOM

Unser Rückflug nach Pokhara wird wegen starkem Wind gestrichen. Also verbringen wir einen weiteren essfreudigen Tag in Jomsom.

15. APRIL // ZUHAUSE

Eine kleine Propellermaschine bringt uns zurück nach Pokhara. Nach ein paar Erledigungen fahren wir zurück nach Pame Bazar – dort sind wir wieder zu Hause, im *Glaarkshouse*. Wir sind glücklich, den Trek gemacht zu haben. Und ebenso glücklich, wieder daheim zu sein. ◇

UNPÄSSLICHKEITEN IN KATHMANDU

Wie es weitergeht, wenn es nicht mehr weitergeht

»Und aus dem Chaos sprach eine Stimme zu mir:
Sei froh und lächle! Es könnte schlimmer kommen!
Und ich war froh und lächelte – und es kam schlimmer.«

PETER Eigentlich war alles sehr gut geplant: ein paar Tage in Kathmandu – vor allem, um das Visum für China zu beantragen – und dann wieder raus aus der Stadt, die nicht unbedingt als Luftkurort bekannt ist, und weiter nach Tibet.

So einfach hätte es sein können. Aber wir hatten schon einen, sagen wir, fulminanten Start: In den ersten vier Stunden ist es uns gelungen, zweimal den Verkehr auf respektablen Durchgangsstraßen aufgrund von Wendemanövern mit unserem Auto zum Erliegen zu bringen, eine Stellplatzempfehlung trotz GPS-Daten nicht zu finden und den Abend umzingelt von Betrunkenen auf einem staubigen Busparkplatz – oder vielleicht war es auch ein Fußballfeld – zu verbringen. Für die nächsten Tage haben wir auf jeden Fall noch Steigerungspotential.

Kathmandu ist eigentlich eine kleine, überschaubare Stadt – verglichen mit indischen Kleinstädten fast schon eine Oase. Offiziell wohnen hier eine Million Menschen, es gibt eine Ring Road, einen Fluss und allerorts ein buntes, vielfältiges Treiben, in das man sich als Tourist bedenkenlos fallen lassen kann.

Und so setzen wir uns auf unsere Falträder und lassen uns fallen, in diese Stadt. Wir genießen frisch aufgebrühten Kaffee in den unzähligen Cafés und Restaurants in Thamel und in der Freakstreet, entspannen in der vollkommen unerwarteten Ruhe des Garden of Dreams, gehen in den unendlichen Gassen rund um den Durbar Square einkaufen, kämpfen uns zum Monkey Temple (Swayambhunath) hinauf und entdecken Viertel, in denen wir nur wenige Touristen sichten.

Leider haben wir auch etwas zu erledigen: das Visum für China. Unser Reiseveranstalter für Tibet hat einen Partner in Kathmandu, der sich um alles kümmern will. Wir treffen ihn zusammen mit Argid und Raimund, unseren Mitreisenden, und übergeben ihm unsere Pässe. Und siehe da, fünf Tage später erfahren wir, dass alles geklappt hat. Argid und Raimund nehmen unsere Pässe in deren Guesthouse in Empfang.

UNPÄSSLICHKEIT NR. 1 Leider hat sich der Veranstalter bei den Daten vertan! Wir sollen in 19 Tagen (statt in 33) durch Tibet und China fahren. Der erste gruppendynamische Höhepunkt unserer geplanten Reise nach Tibet: Mit geballter Kraft erklären wir dem Reiseveranstalter, dass wir auf unsere 33 Tage bestehen. »Sei froh und lächle!«

Nach ein paar Tagen und vielen E-Mails ist die Lösung gefunden: In Lhasa soll das Visum verlängert werden. Wie geplant machen wir uns zwei Tage vor Reisebeginn auf den Weg zur tibetischen Grenze. Bei einem kurzen Stopp schaue ich mir die beiden Bremsflüssigkeitszylinder genauer an.

»Es könnte schlimmer kommen!«

UNPÄSSLICHKEIT NR. 2 Es beunruhigt uns doch etwas, dass einer der Zylinder auf sehr kurzer Strecke sehr viel Flüssigkeit verloren hat. Da wir erst eine halbe Stunde von Kathmandu entfernt sind und dort ein begnadeter Schrauber seine Werkstatt hat, fahren wir kurzerhand zu Irvine. Er vermutet, dass der Hauptbremszylinder undicht ist. Soweit ist das kein allzu akutes Problem. Nur dumm, dass wir in zwei Tagen über die chinesische Grenze rollen und dann ein wenig im Himalaja spazieren fahren. Irvine versichert uns, dass wir auch weiterhin genug Bremskraft haben, nur austauschen sollten wir den Zylinder dann schon mal.

Wir klären mit einem deutschen Ersatzteillieferant die Lieferung nach China und fahren zur Grenze. Die Fahrt geht durch ein wunderschönes Tal und wir freuen uns zunehmend auf den bevorstehenden Trip zum Dach der Welt. Es ist schon spät, als wir im Last Resort auf Argid und Raimund treffen. Die beiden hatten an diesem Abend gar nicht mehr mit uns gerechnet. Und wir hatten nicht damit gerechnet, dass der Name des Resorts für uns Programm sein wird. Es ist Samstagabend. Montag soll es endlich losgehen.

Den Sonntagmorgen verbringen wir ganz entspannt: Wir trinken guten Kaffee, plaudern, verabreden uns mit Argid und Raimund, um die nächsten Tage zu besprechen, schreiben und lesen die letzten E-Mails vor der chinesischen Internetzensur »und lächeln immer noch!«

UNPÄSSLICHKEIT NR. 3 Es ist gegen halb zwölf, als unser Reiseveranstalter uns darüber informiert, dass die Chinesen über Nacht eine Region Tibets für Touristen gesperrt haben. Wir dürfen da nicht durch, wohl aber chinesische Fahrer, mit unseren Autos, aber ohne uns. Wir sollen die Strecke mit dem Zug fahren. Zunächst wollen wir das nicht glauben, schlagen andere Routen vor und warten bei sehr sporadischer Internetverbindung mehr als gespannt auf die Antwort. Es gibt nur eine mögliche Straße, die uns von Lhasa in den Norden bringt und genau diese ist für Touristen gesperrt worden. Jen und ich zermartern uns die Köpfe, ob wir unseren Truck für so eine Herausforderung – 1200 Kilometer und dreimal auf über 5000 Meter – einem fremden Menschen anvertrauen wollen. Wir schlagen das Verladen auf einen Zug oder Tieflader vor. Aber nichts geht. Argid und Raimund sind sich sicher, dass sie durch Tibet und China reisen wollen. Notfalls mit einem fremden Fahrer. Ihr Fahrzeug ist einfach zu fahren.

Es ist Montagmorgen. Wir teilen zunächst unseren Mitreisenden und dann dem Veranstalter unsere schwere Entscheidung mit: Wir überlassen unser 28 Jahre altes Ein und Alles keinem fremden Fahrer. Zu sensibel und unberechenbar ist der alte Herr. Argid und Raimund, die uns während der Planung des Trips sehr ans Herz gewachsen sind, respektieren unsere Entscheidung. Sie werden trotzdem fahren. Jen und ich haben noch keine Ahnung, wie es für uns weitergehen soll.

UNPÄSSLICHKEIT NR. 4 Der Reiseveranstalter informiert uns, dass nun die gesamte Reisegruppe storniert wurde: »Ja, kann man nichts machen! Zolldokumente ...«. Nach dem gruppendynamischen Tiefpunkt vom Vortag folgt nun ein anstrengender, emotional aufgeladener Montag. Es vergehen viele Stunden und unzählige E-Mails, ehe jemand ein Einsehen hat und Argid und Raimund die Reise am Folgetag antreten können. Wir sind alle zutiefst erleichtert. Wir hätten uns lieber in die Schlucht vor dem Last Resort geworfen als daran schuld zu sein, dass die anderen nicht weiterfahren können. Zum Glück ist dann alles geklärt und wir können Raimunds Geburtstag feiern. Die Verabschiedung am nächsten Morgen ist sehr traurig – aber auch von unser aller Erleichterung gezeichnet. So biegen wir rechts ab, Richtung Kathmandu, während die anderen die lange Schlucht zur tibetischen Grenze ansteuern.

Jen und ich brauchen dringend ein bisschen Natur, bevor wir zurück in die quirlige Hauptstadt fahren. Also verbringen wir ein paar Tage am Fluss Botekoshi, tragen unzählige Ideen zusammen, wie es nun weitergehen kann, überlegen, was wir in Indien oder Nepal noch gerne erleben würden und welche anderen Länder uns interessieren. Wir recherchieren Klimatabellen und Regenzeiten und diskutieren, beschließen, verwerfen Entscheidungen und schlafen eine Nacht darüber.

Es ist der 8. Mai. Der Schrecken hat hoffentlich ein Ende und wir haben einen Plan: Wir werden unser Visum für Nepal verlängern, die Bremsanlage wird repariert, wir beantragen ein neues Visum für Indien und die Regenzeit wollen wir im indischen Himalaja in Ladakh verbringen. Danach fahren wir in den Nordosten Indiens und von dort aus durch Myanmar nach Thailand.

Zurück in Kathmandu stellen wir uns mit viel Zeit bei Irvine in die Werkstatt. Seine Jungs fangen sofort an, die Bremsanlage auseinanderzubauen. Und siehe da, endlich gibt es eine gute Nachricht: Es ist offensichtlich nicht der teure Bremszylinder. Nur die Dichtungen an den Bremskolben sind undicht, daher der Flüssigkeitsverlust. Wir bestellen die richtigen Teile und müssen ein paar Tage auf die Sendung aus Deutschland warten. Aber das ist kein Problem, wir haben genug zu tun: Besuch bei der nepalesischen Immigrationsbehörde, bei der indischen Botschaft und Sightseeing in Pathan, das übrigens um ein Vielfaches schöner ist als das doch sehr touristische Thamel. Die Ersatzteillieferung müssen wir vom Zoll am Flughafen Kathmandu abholen. Wir bekommen das Paket inklusive ein paar neuer grauer Haare aus dem Zoll, doch leider »kommt es noch schlimmer!«

UNPÄSSLICHKEIT NR. 5 Ein Dichtungssatz fehlt! Die Frage ist nun: Wo ist der fehlende Satz? Hat ihn sich der Zoll unter den Nagel gerissen? Oder war das Paket vielleicht unvollständig? Am Abend finden wir nach einiger Recherche die Lösung: Das Paket wurde unvollständig verschickt. Sehr schade! Nach sechs Monaten in Indien und Nepal rechnet man immer mit Unvollständigkeit und lächelt, nur nicht bei einer Lieferung aus Deutschland. Shit happens everywhere!

Aber wir sind ja in Nepal, also fängt Irvine schon mal an, die vorhandenen Ersatzteile einzubauen, während die Nachsendung auf dem Weg nach Kathmandu ist. Dieses Mal geht es wirklich schnell. In fünf Tagen ist sie da. Mittlerweile sind wir vier Wochen in Kathmandu und zählen schon die Stunden, bis wir nach abgeschlossener Reparatur endlich aus der Stadt kommen. Wir nehmen erneut das Paket in Empfang, wundern uns über die gigantische Verpackung für zwei mickrige 60-Millimeter-Dichtungsringe, reißen es auf und »es geht sogar noch schlimmer!«

UNPÄSSLICHKEIT NR. 6 Es ist das falsche Ersatzteil! Kann das sein? Darf das sein? Warum muss das sein? Der Fassungslosigkeit folgt unser Lachen. Wir stehen vor dem TNT-Office in Kathmandu, die Sonne nähert sich schon dem Horizont, wir halten das Paket mit dem mittlerweile zweimal gelieferten Reparatursatz 0044308201 in unseren Händen und Jen sagt: »What can you do? It's part of the game!« Wir schütteln uns vor Lachen – oder ist es schon Hysterie?

Uns reicht es nun aber mit Kathmandu! Wir wollen nach Pame, ein bisschen Ruhe genießen. Zumindest ist das Auto fahrbereit. Das fehlende Teil lassen wir uns nach Pokhara schicken. Kurz nach Sonnenaufgang sind wir auf dem Weg ins Tal. Es ist wunderbar, zu wissen, dass wir jetzt erst einmal allen Unpässlichkeiten aus dem Weg gehen können. Wir machen jetzt einfach mal nichts »und lächeln!« ◊

LADIES
LADIES

ERKENNTNIS

№ 3

Zeit vergeht wesentlich langsamer, sobald man mehr erlebt.

POKHARA VALLEY

Drücken Sie auf Pause

Momente des Innehaltens,
Reflektierens, Ruhens

JEN Peter und ich sind zum zweiten Mal auf dieser Reise in ein kleines Zeitloch gefallen. Wir sind auf einer kleinen Wiese am Ende des Pokhara Valleys. Oder wie Peter neulich zu jemandem sagte: »Wir leben gerade. Nur eben nicht in Deutschland.« Eigentlich hätten wir uns heute bereits in der Wüste Gobi befinden sollen. Hätten. Müssen. Können. Zunächst waren wir natürlich traurig, dass unser Plan nicht aufgegangen ist. Doch bald hieß es: Die Route wird neu berechnet!

Erschöpft von den aufregenden Wochen in und um Kathmandu stehen wir nun auf dieser kleinen, friedlichen Wiese und halten inne. Wir drücken auf Pause, atmen auf, fahren runter. Wir sammeln Kraft und genießen die Stille. Wir reflektieren und tauschen uns aus, freuen uns auf das Kommende und bereiten uns vor. Wir schaffen uns eine kleine Gartenidylle vor dem Truck. Das Vorzelt bauen wir seit langem wieder einmal auf. Wir verbringen die heißen Tage und die lauen Abende draußen und finden plötzlich mehr Abenteuer als erwartet: Die Monate auf den staubigen Straßen haben ihre Spuren im *Glaarkshouse* hinterlassen. Wir flicken geschundene Moskitonetze, putzen staubige Fenster, waschen in Mitleidenschaft gezogene Kleidungsstücke, streichen ramponierte Tische, reparieren kaputte Stühle, räumen Schränke aus, entrümpeln Kisten, putzen Wassertanks, stopfen durchlöcherte Hosen und backen lebenserhaltenden Kuchen.

Wir nehmen den todesmutigen Kampf mit hinterhältigen Moskitoangriffen und Käferplagen auf, bringen Türen in Ordnung, dichten die Fenster vor dem Monsun ab, setzen Ventilatoren instand und während viele Overlander behaupten, dass Ducktape der beste Freund des Reisenden ist, müssen wir das widerlegen – mit kampfbereiter Silikonpistole in der erhobenen Hand!

Und während wir die Wäsche der letzten zwei Monate von Hand am Brunnen schrubben, die kleinen Geschäfte im recht verschlafenen Dorf nicht viel mehr als ein paar Schrauben und einzelne Tomaten zu bieten haben, die nächste Stadt zwar nur etwa neun Kilometer entfernt, doch nur auf einer fast nicht vorhandenen Straße zu erreichen ist (weshalb wir den Weg gerne zu Fuß bestreiten anstatt mit dem Fahrrad oder Bus), es das Quellwasser oft nur während der zwölf Stromstunden pro Tag gibt, tagsüber gefühlte 45 °C herrschen (plus 5 °C extra im *Glaarkshouse*), nachmittags wilde Gewitter und Stürme über das Land ziehen, bietet uns diese kleine Gartenidylle etwas zauberhaft Abenteuerliches.

Wir freuen uns über die Bauern auf den Reisfeldern, die laut ihre Wasserbüffel dirigieren, um die Felder zu pflügen, über das Konzert der Grillen in der Nacht, das Geschrei der kleinen Schulkinder, die Abkühlung, wenn am Nachmittag der kurze Regen einsetzt – und ab und an schauen wir einfach nur in den Himmel und essen einen Keks. ◊

AMRITSAR

Ein Schwitzbad im goldenen Nektar

49 °C, 90 Prozent gefühlte Luftfeuchtigkeit, die Kleidung klebt fest am Körper.

JEN Amritsar in Nordwestindien ist die Pilgerstadt der Sikhs. Hunderttausende Menschen aus aller Welt reisen hierher, um das höchste Heiligtum der Sikhs, den Goldenen Tempel (Hari Mandir) mit dem heiligen Buch Sri Guru Granth Sahib, zu besuchen – so auch wir. Unser Reiseführer kennt jedoch noch einen weiteren wichtigen Tempel – den hinduistischen Mata Tempel, der sich auf dem Weg zu unserem eigentlichen Ziel befindet. Den nehmen wir noch mit. Nach 2500 Kilometer mörderischer Fahrt in fünf Tagen von Kathmandu nach Amritsar bei bis zu 49 °C (wir haben keine Klimaanlage) wollen wir etwas anderes sehen als indische Trucks und Busse von hinten. Wir sind heiß auf Kultur.

Eine Rikscha fährt uns durch die Millionenstadt. Der Fahrtwind verschafft eine kurze Abkühlung, doch jeder Stopp lässt den Schweiß treiben. Er vermischt sich mit dem faulen Geruch und dem Staub der Gassen.

Wir erreichen eine enge Gasse, in der uns der Fahrer barsch hinausbefördert. Wir sehen allerdings noch keinen Tempel, die Straße ist dicht und eng – und sie stinkt. Sogleich ziehen Menschen an unserer Kleidung, wollen ihre Opfergaben verkaufen. Wir drücken uns zielstrebig in eine Richtung, die nach Eingang schreit. An einem streng nach Fußschweiß riechenden Bretterverschlag geben wir unsere Schuhe ab und betreten einen feuchten, übel müffelnden, klebrigen Rollrasen, der in ein Gebäude führt, in eine laute Spielhölle.

Wir erblicken eine wahrgewordene Hölle auf Erden, ein Reich der Antiästhetik: Der Tempel ist wie einer dieser Irrgärten bei der Kirmes aufgebaut. Wir betreten verschiedene Kammern und Gänge, Spiegelkabinette, Labyrinthe, Gewölbe, Rutschen und Sackgassen. Alles wirkt so, als hätten die Bauherren zehnfach beschichtete LSD-Filzchen gelutscht, zeitgleich in flüssigem Amphetamin gebadet und sich an Neonfarben, Buntstiften und Glitzereffekten bedient. Die Ganeshas, Krishnas, Shivas und Buddhas wurden in allen Superlativen der Geschmacklosigkeit aufgehübscht. Sie tun mir leid. Ich habe noch nie zuvor so etwas Skurriles gesehen.

Der Weg durch den Tempel ist streng vorgegeben. Wir werden von kreischenden, Selfie machenden Teenie-Gruppen umringt, es gibt kein Zurück. Wir kriechen also durch stickige Gänge, die Füße des Vorankriechenden so nah, dass man den Dreck der Hornhautrillen begutachten kann, wir waten durch eine warme Flüssigkeit, die gelblich, trüb und zäh ist, einfach nur erbärmlich stinkt und dennoch zur

Reinigung dienen soll, wir werden gezwungen, unsere Augen von schreiend bunten Gemälden und Skulpturen schänden zu lassen und müssen uns gegen diese spielhöllenartige Geräusch-Diarrhö aus Krach, Musik, Geschrei und Gebimmel behaupten. Der Tempel ist mit Glocken, Pendeln und Ratschen bestückt, deren Betätigung eines oder mehrere weitere Leben, Reichtum, Wohlstand und Kinder verspricht.

Eine Station schließt das Darreichen von kulinarischen Opfergaben mit ein. Diese werden aber trotz der Hitze nie entfernt, auch wenn die Götter sie nie essen werden. Ich muss mit viel Mühe meinen Würgereiz aufgrund des bestialischen Gestanks unterdrücken. Endlich sind wir am Ende des Horrorkabinetts angekommen. Man bietet uns sogleich ein kostenloses Thali an, das wir auf dem Fußboden mit vielen anderen Menschen verspeisen sollen. Wir lehnen dankend ab. Um die Donation-Box machen wir einen Bogen. Man sollte uns für das Überleben dieses Verbrechens an der Ästhetik bezahlen! Wir suchen den Ausgang.

Luft, Luft, Schuhe, Rikscha. Schnell weiter zum Goldenen Tempel. Wir nutzen die Fahrt, um Atem zu holen. Wir wissen nicht, ob wir lachen oder weinen

müssen. War das schon so schlecht, dass es wieder gut war? Ich weiß es nicht. Aber ein Erlebnis war es. Wir erreichen eine weitläufige Straße, das letzte Stück müssen wir gehen. Jeder Schritt in der Sonne ist zu viel. Doch beim Gedanken an den Mata Tempel fühlt es sich wie ein Spaziergang durch einen kühlen Herbstwald an.

Wir haben seit etwa einer Woche keinen westlichen Touristen mehr gesehen, in Amritsar aber fest damit gerechnet. Fehlanzeige. Wir scheinen die einzigen zu sein an diesem Tag. Umgeben von tausenden Pilgern betreten wir den Außenbereich des Goldenen Tempels. Trotz der vielen Menschen herrscht eine friedliche Atmosphäre. Auch hier geben wir unsere Schuhe ab. Die gute Logistik macht es möglich, dass wir dies bereits nach wenigen Sekunden erledigt haben. Schalter Nummer 10, der Eintritt ist frei.

Die Geräuschkulisse ist außergewöhnlich: Verse aus dem heiligen Buch der Sikhs werden gelesen und laut und live über das gesamte Gelände gespielt. Der mantraartige Singsang wirkt monoton, beruhigend und schön. Die bedingungslose Hitze, das unglaublich große, saubere, reduzierte, helle und weitläufige Areal, das weiße Mittagslicht gepaart mit dem gewaltigen Klangteppich schaffen einen unvergesslichen ersten Eindruck. Der angeblich mit Blattgold verzierte Tempel spiegelt sich im goldenen Nektar, der den Tempel umgibt. Gläubige und Pilger baden im karpfenbelebten Gewässer. Ich beneide sie um ihre Abkühlung, nicht aber um den Fischgeruch. Die vielen mit Turban gekrönten Menschen verbeugen sich ehrfurchtgebietend vor dem goldenen Gebäude, das im 16. Jahrhundert erbaut wurde. Familien spazieren im Kreis um den zentral angelegten See, in dessen Mitte sich der strahlende Tempel befindet. Tausende von Menschen ruhen, schlafen und unterhalten sich leise in den schattigen Arkaden, die das Gelände umranden. Wir sind von der einzigartigen Stimmung überwältigt. Wie so oft fallen wir auf. Bereitwillig lassen wir uns fotografieren, sind wir doch monatelang nicht mehr so nett und höflich darum gebeten worden. Wir sind etwas überrascht, dass wir begrüßt und mit einem aufrichtigen »Please« um ein Foto gebeten werden. Leider waren wir in jüngster Zeit eher gewohnt, gar nicht oder nur mit einem ruppigen »Photo!« zu einem Bild verpflichtet zu werden.

Die Sikhs sind uns in ganz Indien immer wieder als äußerst fein und höflich aufgefallen. Hier in ihrem Ballungszentrum sind wir ausnahmslos von diesen freundlichen Menschen umgeben. Sie lächeln uns mit offenen Blicken an, anstatt uns versteinert und unangenehm anzustarren. Wir gehen weiter. Auch hier gibt es eine kostenlose Essensstation für die Pilger. An besonderen Tagen werden bis zu 80 000 Menschen bewirtet. Durch eine Fußbad-Schleuse aus frischem, sauberem Wasser betreten wir den hallenartigen Kantinenbereich. Jeder Pilger beteiligt sich an der mühevollen Küchenarbeit. Die gesamte Anlage wird allein von Freiwilligen betreut. Menschen allen Alters sitzen am Boden, um Zwiebeln, Ingwer, Chilis und allerlei Gemüse zu schneiden. Der Lärm ist ohrenbetäubend. Ein Stimmengewirr, das Knallen der Blechteller und Blechtassen in mehrstöckige Rollwagen, das Abspritzen von containergroßen Töpfen in den riesigen Spülgängen machen das Schlendern durch das Geschehen zu einem eindrucksvollen Erlebnis. Der Geruch von tausenden Zwiebeln in der Hitze ist grenzwertig. Die Esshallen werden in endlosen Schichten komplett mit Menschen gefüllt – niemand drängt sich vor, jeder stellt sich an und wer fertig gegessen hat, beginnt seinen Spüldienst – und schon füllt die nächste Gruppe die Halle, ohne Hast und Eile. Ich habe niemals zuvor so ein friedvolles Chaos erlebt. Peter und ich essen nichts, auch wenn das alles sehr lecker aussieht. Die Hitze raubt uns jeglichen Appetit.

Wir laufen zurück zum Zentrum. Eine riesige Schlange lässt uns zögern. Wie viele Stunden werden wir auf dem Weg zum heiligsten Buch im Innern des Tempels warten müssen? Doch überraschenderweise dauert es nur 15 Minuten. Der Gang dorthin ist von riesigen Ventilatoren gesäumt, der Marmorfußboden ist kühl und sauber. Im Inneren entdecken wir endlich die Verursacher des schönen Gesangs: Vier Männer singen und ein weiterer liest ununterbrochen aus dem heiligen Buch. Es gibt eine heilige Kommunion, eine Art Kreuzzeichen und heilige Waschungen – für uns Ungläubige ein Gemisch aus vielen Bräuchen vieler verschiedener Religionen. Auf dem Weg zurück werden wir mit dem heiligen Nektar bespritzt. Das ist kühl und tut gut. Auf den heiligen Snack am Ausgang verzichten wir.

Alles in allem erlebe ich den Goldenen Tempel als die für mich wohl beeindruckendste heilige Stätte, die ich je sehen durfte. Das spirituelle Erwachen ist auf mich weder am biblischen Tempelberg in Jerusalem, vor dem balinesischen Tanah Lot, in der Sultan-Ahmed-Moschee, in der Basilius-Kathedrale oder an einem anderen heiligen Fleck dieser Erde übergesprungen – doch hier, in einem Tempel einer mir bis vor Kurzem völlig unbekannten Religionsgemeinschaft empfinde ich zumindest so etwas wie angenehme Ehrfurcht. Ich bin berührt, dass Menschen sich von den dominierenden religiösen Traditionen dieser Welt mit all ihren Hierarchien lösen, um an einen gestaltlosen Schöpfergott zu glauben. ◇

Die Ruhe und Entspanntheit des Goldenen Tempels überwältigt uns. Obwohl sich tausende Menschen auf dem Areal befinden, sind die Besucher friedlich und wohlwollend gestimmt. Bei fast 50 °C feuchter Hitze springen wir wie alle anderen von Schatten zu Schatten und ruhen uns immer wieder in den Torbögen der Anlage aus.

IM NORDEN

Von Erlösung, Ehrfurcht und vom Pilgern

Eine Fahrt auf dem National Highway 1D
von Kaschmir nach Ladakh

ERLÖSUNG

PETER An einem verregneten Morgen verlassen wir Amritsar. Es hat noch immer knapp 50 °C. Es geht Richtung Norden, nach Srinagar, die ehemalige Hauptstadt Kaschmirs am Fuße des Himalaja. Nach ein paar Kilometern bemerken wir die zahlreichen Soldaten am Straßenrand. Gedanken über Kaschmir, militante Rebellen, Spannungen zwischen Hindus und Moslems schießen uns durch den Kopf. Die meisten Soldaten winken uns fröhlich zu und wir winken zurück.

Es ist immer noch regnerisch und schwül, doch wir steigen langsam auf. Der National Highway 1D führt uns auf zahlreichen Serpentinen durch sattgrüne Wälder und bunte Dörfer. Die Straße ist okay, der Verkehr dicht. Wir hören immer wieder: »Welcome to Kashmir!« Was ist denn hier los? Nach gut einer Stunde fällt uns auf, dass wir wieder richtig atmen können. Als plötzlich dichter Nebel aufzieht, inhalieren wir die frische, klare Luft. Sie ist eine Erlösung. Nach 2500 Kilometern in fünf Tagen von Kathmandu bis nach Amritsar – in der brutalen Hitze des indischen Sommers – sind wir für diese Abkühlung mehr als dankbar.

Kurz vor dem Jawahar Tunnel wird es offiziell: Wir reisen nach Kaschmir ein. Ein Grenzbeamter steht vor uns auf der Straße. Auch er begrüßt uns herzlich. Obwohl dieser Teil Kaschmirs zu Indien gehört, werden unsere Personalien aufgenommen und wir werden höflichst gebeten, bei der Ausreise ein weiteres Formular abzugeben. Dass er uns keinen Tee anbietet, liegt nur daran, dass er gerade kein Gas mehr in seiner kleinen Grenzhütte hat. Wir erfahren, warum der gesamte Highway mit Soldaten und gepanzerten Fahrzeugen gesäumt ist: Der neu gewählte indische Premierminister Murdi besucht Srinagar am folgenden Tag.

Müde und noch immer ein bisschen unsicher, wie Kaschmir nun tatsächlich sein wird, machen wir auf einer kleinen Schotterebene halt für die Nacht. Ein paar Jungs kommen vorbei, rufen »Hello!«, wir plaudern über den Stellplatz, die tolle Aussicht, Kaschmir und darüber, dass Murdi morgen genau hier vorbeifährt. Die Jungs sind extrem höflich, fröhlich und einfach gut drauf. Begeistert von der Freundlichkeit der Menschen, die wir in den letzten Wochen oft entbehren mussten, schlafen wir ein.

In der Früh werden wir ziemlich brutal aus dem Schlaf gerissen: Es wird laut an unser Auto gehämmert, Stimmen und Fußtritte sind auf der Eingangsleiter zu hören. Es ist sieben. Vor der Tür stehen sechs Soldaten mit Gewehren. Weil das Staatsoberhaupt kommt, wollen sie nicht, dass irgendjemand an der Straße herumlungert. Verschlafen packen wir in wenigen Minuten zusammen und fahren schnurstracks nach Srinagar. Diesen Schreck müssen wir ganz ohne Kaffee überstehen.

SRINAGAR ist eine moslemische Stadt direkt am Dal-See, umzäunt von schneebedeckten Bergen mit einem Klima, das uns wie eine gigantische Erlösung erscheint. Und die Menschen hier tun ihr Übriges: Zunächst haben wir Schwierigkeiten, die schier endlose Gastfreundschaft anzunehmen. Wir freuen uns über den Gesang der Muezzins und fühlen uns an die großartige Zeit in der Türkei, im Iran und Oman zurückerinnert.

EHRFURCHT

Nach drei Tagen in Srinagar fahren wir weiter Richtung Leh – noch immer auf dem NH1D. Es dauert keine Stunde, bis wir verstehen, warum ausnahmslos alle Menschen, die bereits hier waren, von diesem Teil der Erde so unendlich begeistert sind. Wir fahren durch Landschaften, die mit Worten nicht zu beschreiben sind. Fast hinter jeder Kurve, jedem Pass eröffnet sich der Blick in eine andere Welt. Wir sind sprachlos, ehrfürchtig und kommen uns klein und angenehm unbedeutend vor.

Immer wieder fragen wir uns, ob das wirklich Indien ist. Der Verkehr ist zivilisiert, der Straßenrand sauber, die Menschen auf und an der Straße neugierig. Man verirrt sich nicht durch Zufall hierher. Alle genießen dieses Indien, das man nicht für möglich hält, das nicht real sein kann, weil es so gänzlich anders ist.

PILGERN

Bevor wir Leh erreichen, legen wir auf Empfehlung eines indischen Freundes einen kurzen Stopp in Baltal ein. Die Amarnath Höhlen beherbergen einen riesigen Stalagmiten aus Eis, der für Hindus, Buddhisten, Moslems sowie für Sikhs als Phallussymbol des Shiva gilt. Deshalb ist Amarnath eine der wichtigsten Pilgerstätten Indiens, die nur 40 Tage im Jahr zugänglich ist. Man muss dazu allerdings auf fast 4000 Meter rauf. Zu Fuß, auf dem Esel, getragen oder per Helikopter. Alles ist erlaubt. Nur Gondeln gibt es nicht.

In den ersten zehn Tagen dieses Ereignisses haben sich bereits über eine Million Pilger vor dem übergroßen Shiva Linga verbeugt. Dass es schon zehn Todesfälle auf dem Berg gab, wird hingenommen. Wir sind mittendrin! Baltal ist der Ausgangsort für diesen Pilgerweg und liegt genau auf unserem Weg nach Leh. An diesem Tag sind wir wahrscheinlich die einzigen Nicht-Inder in dieser vom Wahnsinn getriebenen Pop-up-Zeltstadt. Neben einer sechs Kilometer langen Sand- und Staubpiste türmen sich Menschen, Müll, Autos, Zelte aus Abdeckplanen, Mini-Markets, Apotheken, Esel mitsamt Futterbergen und Bandheras – Essenszelte, in denen die Pilger umsonst oder für eine Spende verköstigt werden. Per Polizeieskorte werden wir in ein Bandhera beordert. Um uns herum wuseln Freiwillige, die die Pilger bewirten. Wir müssen unzählige Fotos machen lassen und viele Hände schütteln. Und gefühlte 87 Mal erzählen wir, warum wir mit einem Truck aus Deutschland bis nach Indien fahren (»Is there a road?«). Nach Buttermilch, Kirschen, Lassi, Masala Tee, Tomatensuppe und Nüssen gibt es ein unglaublich leckeres Veg-Thali. Und ehe wir uns versehen, sitzen wir rot gepunktet, mit drittem Auge, in der Polizeieskorte zurück zu unserem kleinen, ruhigen Heim. Wir sind sprachlos. Pilgern kann ganz schön hart sein. Und deswegen beschließen wir, die Flucht nach vorne anzutreten, um in Leh den Dalai Lama zu erleben. Nichts wie hin!

LEH Das 33. Kalachakra, eine enorm große Zusammenkunft des tibetischen Buddhismus, findet zufällig gerade statt. Wir betreten etwas ungläubig das gigantische Gelände, auf dem täglich etwa 150 000 (vornehmlich) Buddhisten dem Dalai Lama und seinen Lehren lauschen.

Die Pilger sitzen friedlich auf ihren mitgebrachten Matten. In regelmäßigen Abständen wird jeder Besucher mit frischem Brot, Wasser und Buttertee versorgt. Es wird mehr geflüstert als gesprochen und über allem liegt ein meditatives Brummen, dass von den Mönchen angestimmt wird. Die Atmosphäre ist andächtig, fast konzentriert. Und immer wieder strömt eine Welle an Wärme, an Menschlichkeit über das flugplatzgroße Feld und bringt die Pilger zum Schmunzeln. Der Dalai Lama hat mal wieder einen kleinen Scherz gemacht.

Von den starken Eindrücken dieses Tages zutiefst begeistert, wollen wir mehr über den tibetischen Buddhismus erfahren. Die nächsten Wochen in Ladakh werden spannend.

Leh ist Ausgangs- oder Endpunkt des unter Overlandern und Bikern bekannten Manali-Leh-Highways – und es ist nicht nur eine weltbekannte Pilgerstätte und das Sommerdomizil des Dalai Lama, sondern auch das Basislager für einige Treks in die umliegenden Gebirge, wie etwa den wunderschönen Markha-Trek. Die malerisch auf etwa 3500 Meter Höhe gelegene Stadt und die extrem freundlichen Menschen laden zu wochenlangem Verweilen ein.

Leider trifft der Klimawandel oft die Gegenden in der Welt besonders schwer, die selbst kaum zur Erderwärmung beitragen. Die im Vergleich zum übrigen Indien extrem umweltbewussten Einwohner Lehs beklagen den Rückgang der Gletscher sowie den fehlenden Schneefall, was eine extreme Dürre und Trinkwasserknappheit verursacht.

HIMALAJA

Superlative

Der höchste befahrbare Pass der Welt! Der zweitkälteste bewohnte Ort der Welt! Die verräterischste Straße der Welt! Die höchste Tankstelle der Welt!

PETER Wahrscheinlich lässt sich diese Liste unendlich weiterführen, doch wir hatten nur zwei Monate Zeit für Ladakh, Spiti und Kinnaur – und wir haben bei weitem nicht alles von diesem besonderen Teil der Erde gesehen.

Es ist sechs Uhr morgens, eigentlich viel zu früh für unseren Geschmack. Doch die Sonne begrüßt uns mit einem satten Lächeln. Es ist soweit: Heute bezwingen wir den Khardung La, den höchsten befahrbaren Pass der Welt. Die Luft auf 5500 Metern wird dünn sein, die Straße ruppig. Wir wollen auf jeden Fall zeitig los. Unser fahrendes Zuhause war noch nie zuvor so hoch oben. Wir sind ein wenig aufgeregt. Nach den vielen Tagen in Leh wollen wir das Stadtleben gegen Natur, Abgeschiedenheit, Ruhe und vor allem Offroad-Fahren tauschen.

»Only at the top, the road is a bit rough!«, wird uns hinterhergerufen. Und so soll es sein: Drei lange Stunden rocken wir über Stock und Stein, durch Bäche und unzählige Kehren, am Abhang entlang und immer nur hinauf – auf 5370 Meter. Die Luft wird wirklich dünn, es sind noch etwa 50 Prozent des Sauerstoffgehalts auf Meereshöhe. Wir vermeiden unnötige Bewegungen. Nur unser Truck muss weiterhin seinen Dienst tun und das tut er mit der gewohnten Zuverlässigkeit. Dann ist das höchste fahrende Fast-Oldtimer-Zuhause mit einer beige-blauen Lackierung und roten Reservekanistern eingeparkt – so hoch wie nie zuvor. Wir trinken einen Tee und genießen diesen stolzen Moment. Da wir jedoch die Höhe spüren, fahren wir mehr als 2000 Meter hinab, ins Tal des Flusses Nubra.

Die Landschaft des **NUBRA-TALS** ist atemberaubend: Ein weites Tal, mehrere reißende Ströme, die sich ihren Weg durch das breite Flussbett suchen, es ist grün, auf manchen Gipfeln liegt noch (oder schon wieder) Schnee. Wildpferde und Kühe teilen sich die sattgrünen Weiden, dazwischen sind sehr vereinzelt ein paar Dörfer mit freundlich winkenden Ladakhis.

Am Ende des Nubra-Tals wartet die Grenze zu China. Wir reißen den einzigen Polizisten am letzten Checkpoint jäh aus dem Schlaf. Mühsam erklärt er uns, dass wir hier nicht weiterkommen. Endstation. Wir finden einen Stellplatz für die Nacht. Einmal durch den Bach und da stehen wir, nur wenige Kilometer vor dem Ende der indischen Welt.

Nach einer friedlichen Nacht erkunden wir das andere Seitental, das **SHYOK-TAL**. Der Shyok ist ein ziemlich breiter Strom, nicht ganz so mächtig wie der Nubra, jedoch ebenfalls absolut unberührt – Natur pur. Touristen gibt es hier so wenige, dass man sich gegenseitig grüßt.

Die fast 100 Kilometer nach **TURTUK** sind mehr als eine Fahrt, sie sind eine Zeitreise zum gefühlt letzten Dorf der Erde. In Turtuk scheint die Zeit vor rund 100 Jahren stehen geblieben zu sein. Und auch hier ist Endstation, denn danach folgt Pakistan.

Nach sechs Tagen wollen wir weiter zum Pangong See, dem womöglich blauesten See der Welt. Dafür müssen wir über den dritthöchsten Pass, den **CHANG LA** mit 5289 Metern. Die Straße ist äußerst mühsam, aber wir schaffen es und lassen den Unimog erleichtert nach unten rollen, ehe wir von einem merkwürdigen Pfeifen aus unserer kleinen Allmachtsfantasie gerissen werden. Was folgt, ist für uns eine komplett neue Erfahrung: der erste und höchste LKW-Reifenwechsel der Welt (zumindest eines Fast-Oldtimers aus Deutschland). Auf ca. 5000 Metern haben wir uns einen spitzen Stein in die Lauffläche gebohrt. Das Loch ist zu groß für eine schnelle Reparatur, der Reifen muss runter. Die Luft ist auf 5000 Meter immer noch dünn und ein LKW-Reifen wird in der Höhe leider nicht leichter.

Als wir gerade dabei sind, die Radmuttern festzuziehen, hält ein indischer Armee-Truck. Die drei Soldaten überlegen nicht lange: Sie komplementieren uns auf die Zuschauerplätze, krempeln die Ärmel hoch und beginnen mit der Arbeit. Wir sind ziemlich aus der Puste und lassen sie einfach machen. Fünf Minuten später ist auch der angebohrte Reifen in der Unimog-Seitenluke verstaut. Wir versuchen, uns zu bedanken. Die Soldaten grinsen nur unbeholfen, zücken ihre Handys und jeder macht mindestens ein Foto mit jedem verfügbaren Gerät.

Erleichtert und sehr vorsichtig fahren wir weiter zum Pangong See, an dem ich mal wieder feststellen muss, dass ich die toughste Frau der ganzen Welt geheiratet habe: Als ich gerade noch dabei bin, meinen großen Zeh in das grausam kalte Wasser des 4250 Meter hohen Sees zu tauchen, schwimmt sie schon auf und davon. Ich rufe ihr nach, dass sie auf der anderen Seite ein chinesisches Visum braucht und unseres leider nicht mehr gültig ist, doch sie plantscht einfach weiter vor sich hin.

Das Straßenschild verspricht nicht zu viel. Die unbefestigten Schotterpisten sind nichts für zarte Gemüter: fehlende Straßenabschnitte, zu niedrige Felsüberhänge, Steinschlag, Geröllawinen, riesige Schlaglöcher – und all das neben hunderten Metern Abgrund ... Bei der ein oder anderen Straße können wir im Rückblick kaum glauben, dass wir sie tatsächlich gefahren sind.

Natürlich sind die Straßen zu eng für Gegenverkehr. Besonders wenn uns lokale Trucks und Busse entgegenkommen, halten wir die Luft an. Grundsätzlich gilt: Wer von oben kommt, hat Vorfahrt. Dennoch sind entweder Millimeterarbeit oder kilometerlanges Rückwärtsfahren gefragt. Erfreulich ist die Lässigkeit, mit der alle Beteiligten die Situation lösen.

Panong See auf 4250 Metern in Jammu und Kaschmir

ERKENNTNIS
№ 4
Ein frischer, sauberer Bach, Fluss oder See
ist schöner als jede Dusche.

Nicht nur die vielen indischen Touristen in Ladakh posieren gerne vor unserem Truck, sondern auch die Yaks, die schon bald zu unseren Lieblingstieren werden. Sie begegnen uns in Nordindien, Nepal und später auch in der Mongolei. Da sie Milch, Fleisch, Leder und Wolle liefern, stellen sie für die Bewohner vieler Bergregionen eine wichtige Lebensgrundlage dar.

Der Spiti ist ein respektabler Fluss, der an manchen Stellen ein sehr weitläufiges Flussbett in Anspruch nimmt. Wir wollen zum Übernachten auf ein schönes Stück Wiese auf der anderen Flussseite. Die nächste Brücke ist ein bisschen weit zu fahren, aber wofür haben wir einen Unimog? Um ihn in einer Unterwasser-Sandbank zu versenken! Alles Graben, Ziehen (mit einem herkömmlichen Traktor) und Beten funktioniert nicht. Zum ersten Mal sitzen wir so richtig fest. Die Räder drehen sich nicht mehr, aufgegrabene Löcher laufen sofort mit Sand und eiskaltem Wasser zu. Bei Sonnenuntergang und völlig durchgefroren geben wir auf und freuen uns über die Hilfe von ein paar amüsierten Campern aus Kinnaur. Sie stellen schnell den Kontakt zum einzigen Besitzer eines Baggers in der Stadt Kaza her. Als wir um kurz vor Mitternacht in das ebenso erleichterte Gesicht des Baggerfahrers blicken, wissen wir, dass er sich auch nicht sicher war, ob er unser Auto da wieder herausbekommt.

Diese Hängebrücke im Pin Valley, die einige Bergdörfer mit der Hauptstraße verbindet, droht vom Matsch weggerissen zu werden. Das gesamte Pin Valley lebt von einer erfolgreichen Erbsenernte. Und diese muss aus dem Tal zu den wartenden Trucks gebracht werden. Die Bauern klettern also mit jeweils 40 Kilogramm Erbsen auf dem Rücken über die Hängebrücke zu den Trucks. Aufgrund der zu stark schmelzenden Gletscher steckt das Fundament der Brücke im Matsch des Schmelzwassers und bewegt sich. Deshalb soll eine separate Gondel befestigt werden, mit der die Erbsensäcke über den Matsch gezogen werden können. Peter hilft mit, die Gondel zu installieren – wenige Tage später ist die Brücke zerstört.

GERMANY
M OG 2013

SPITI VALLEY

Das Lächeln des Lamaji

Am Ende war alles für die Tonne.

JEN *Halb acht in der Früh. Der Wecker klingelt. Wir müssen aufstehen. Frühstück gibt es bis halb neun! Der Morgenappell beginnt pünktlich um zwanzig nach neun. Kurz machen wir uns frisch. Zeit für einen schnellen Kaffee im Bett muss sein. Noch im Schlafanzug diskutieren wir unsere Ideen für den heutigen Tag. Um elf haben wir ein Meeting. Wir öffnen die Tür des Trucks und blicken auf schneebedeckte Berge, das Glaarkshouse steht neben einem wunderschönen Tempel voller bunter Gebetsfahnen. Hand in Hand machen wir uns auf den Weg am Bach entlang zum Gästehaus. Selbst nach fast drei Monaten auf etwa 4000 Meter Höhe geht uns beim zügigen Gehen noch immer die Puste aus. Dhia und Shawn, Zoe und Antoine sitzen bereits beim Frühstück. Tulup reicht uns Porridge und noch warme Chapati. Es gibt köstlichen heißen Chai. Doch wir haben es eilig. Wir müssen alle zur Arbeit!*

Arbeit? Als wir im Juni beschließen, die Sommermonate in Ladakh zu verbringen, sind wir uns schnell einig, dass wir einige Wochen für eine gemeinnützige Tätigkeit aufbringen wollen. Da wir vom ehemaligen Königreich Spiti – auch Little Tibet genannt – nur Außergewöhnliches hören, tippen wir quasi mit dem Finger auf die Landkarte und sagen: »Okay, da soll es hingehen!« Ohne viel darüber zu wissen, geschweige denn dort jemanden zu kennen, bleibt uns nichts anderes übrig, als das Internet zu befragen: Volunteering in Spiti. Wir finden viele Informationen und stellen bereits im Juni den Kontakt zu einer kleinen NGO in Kaza, der Hauptstadt Spitis, her. Es werden einige Mails ausgetauscht und bald einigen wir uns auf eine Tätigkeit, die im August beginnen soll.

Buddhistische Gebetsmühlen, alte Manisteine, weiß getünchte Stupas und bunte Gebetsfahnen zieren die sonst schier unbewohnten und atemberaubend schönen Berghänge des Spiti Valleys. Wildpferde,

Schafsherden, Yaks und Ziegen sind lange die einzig sichtbaren Lebewesen. Die Gegend ändert sich stündlich – wir sehen Mondlandschaften, grüne Erbsenfelder, Aprikosenbäume, Sanddornsträucher, Felswüsten, schneebedeckte Berge, türkisfarbene Flüsse, tiefe Wälder, moosbedeckte Ebenen, tibetische Dörfer – und freundlich blickende Menschen.

Die Hauptstadt Kaza ist mit etwa 10 000 Einwohnern überschaubar und wirkt auf den ersten Blick nicht ganz so idyllisch wie die umliegenden Siedlungen. Sie ist jedoch ein wichtiger Versorgungsknotenpunkt der Region. Und sie hat ihren ganz besonderen Charme: Strom gibt es nur unregelmäßig. Es gibt zahlreiche Minimärkte, doch Brot, Bananen oder Eier gibt es nur manchmal. Wenn die Straßen nach Spiti tagelang gesperrt sind, gibt es vieles nicht. Es gibt zwei Internetcafés: Eines öffnet nach sechs am Abend (falls es Strom gibt), das andere wirft den Generator an, sobald es mehr als fünf potenzielle Kunden gibt. Es gibt einen Geldautomaten, der geht, wenn es Strom gibt, doch manchmal auch einfach nicht (und der Servicetechniker muss eine dreitägige Anfahrt auf sich nehmen). Es gibt eine Tankstelle, die höchste Indian-Oil-Tankstelle der Welt (und manchmal hat sie sogar Benzin und Diesel).

Wir beginnen unsere Tätigkeit bei einer Organisation, die verschiedene Projekte leitet, um die Homestays und Dörfer der Gegend zu unterstützen. Peter kümmert sich zunächst um die Solaranlage des Büros und ich schmeiße das Café, dessen Erlös an die Gemeinde und eine Klosterschule geht. Uns beschleicht das Gefühl, dass das Thema »Volunteering« in Spiti marketingtechnisch äußerst erfolgreich genutzt wird und die vielen Optionen für das Volunteering lediglich zur Bespaßung der Touristen dienen. Wir möchten uns keinesfalls ein allgemeingültiges Urteil erlauben, doch wir sind uns einig, dass sich eine Tätigkeit über diese Organisation für uns nicht richtig anfühlt, also beschließen wir, das Thema auf eigene Faust anzugehen. Nach wenigen Tagen und einem guten, klärenden Gespräch mit den Gründern der Organisation beenden wir unsere Tätigkeit dort.

Wir sprechen lange mit dem in Kaza geborenen Lotey, der Seele des Dorfes, der alles und jeden kennt. Er schickt uns zu seinem Freund Tzering zur Munsel-Ling Children Home School ins benachbarte Dorf Rangrik. Dort ist Hilfe gefragt und es steht keine Organisation dahinter. Uns erwartet bereits der Lama Tashi Namgyal, der diese Schule in den 90er Jahren gegründet hat, die inzwischen mehr als 550 Schüler aus dem ganzen Tal zählt.

Da sitzen wir nun vor diesem charismatischen, lächelnden Lama und erklären ihm: »Wir haben einige Wochen Zeit. Wir sind keine Lehrer. Wir möchten einfach helfen, wo auch immer unsere Hilfe benötigt wird«. Tashi Namgyal – oder der Lamaji, wie ihn alle nennen – zögert nicht lange: »You are from Europe. In Europe they know how to handle garbage. We have more than 550 students. And we have a big problem with garbage! Could you think about our garbage problem?«

Das war in etwa unser Briefing. Und so kurz wie das Briefing war auch unsere Entscheidungsphase: Das machen wir! Denn wir wollen nicht als Europäer in Little Tibet aufschlagen und den Menschen dort ihre Welt erklären, ihnen Probleme aufzeigen, die sie selbst gar nicht sehen, sie patronisieren oder Dinge tun, die sie selbst viel besser können als wir. Niemals hätten wir uns getraut, das Thema Müll anzusprechen. Doch wenn uns der Leiter dieser Schule, der uns in den kommenden Wochen immer wieder durch seine innovative Denkweise überrascht, mit diesem Problem konfrontiert, möchten wir ihn unterstützen, so gut wir können. Peter und ich sind alles andere als Umwelttechnik-, Recycling- oder Müllspezialisten, doch als Europäer und Kinder der 80er Jahre sind wir mit einem Bewusstsein für Müll aufgewachsen, das man in diesem Teil der Welt (noch) nicht kennt. So sind wir davon überzeugt, mit unseren Kenntnissen zumindest einige Grundgedanken für die Schule entwickeln zu können. Nach einem Rundgang über das Gelände mit dem warmherzigen Lamaji lernen wir viel über die Probleme der Schule. Während man sich in Deutschland Gedanken über G8- und G9-Modelle, Pisa oder

Kopftücher macht, steht man in Rangrik ganz anderen Herausforderungen gegenüber: die Abgeschiedenheit Spitis aufgrund der schlechten Zufahrtsstraßen, das harte Klima mit Temperaturen im Winter von bis zu minus 35 °C, zugefrorene Wasserleitungen, nicht genügend Strom, keine Heizungen, keine gute Trinkwasserqualität, keine ausreichenden Toiletten für die 550 Schüler, die in den Hostels wohnen, Krankheiten (75 Prozent der Kinder leiden an Diarrhoe), Läuse, Nahrungsmittelknappheit. Dennoch hat Lamaji mit seiner Schule viel erreicht: Kinder aus den umliegenden Dörfern werden hier auf Englisch unterrichtet, was ihnen gute Chancen für die Zukunft eröffnet. Sie lernen auch ihre Heimatsprache Bothi (Tibetisch) sowie lokalen Tanz und Gesang, was ihnen den Bezug zu ihren Wurzeln sichert. Bei unserer Tour erhalten wir einen guten Überblick über die Schule, die einfachen Schlafräume der Schüler, die spartanischen Essräume, die Waschräume, die Lehrerzimmer, die Klassenzimmer, das sehr trostlose Grundschulgebäude – und sind von der Wohnung des Lamajis überrascht: ein karger Raum mit einer Matratze, einem Tisch, ein paar Büchern und sonst nichts.

Am Abend lernen wir Dia und Shawn aus England sowie Zoe und Antoine aus Frankreich kennen, die hier befristet als Lehrer arbeiten. Mit ihnen werden wir in den kommenden Wochen die Pausen verbringen. Da wir einen ungewohnt geregelten Tagesablauf absolvieren werden, freuen wir uns darüber, dreimal täglich mit einfachen doch überaus köstlichen Mahlzeiten versorgt zu werden. Man bietet uns ein Zimmer an, doch wir wohnen weiterhin im *Glaarkshouse*, das wir auf einem Hügel oberhalb der Schule, neben dem kleinen Tempel der Schulanlange, parken dürfen.

Am folgenden Tag machen Peter und ich uns an die Arbeit: Wir sprechen mit den Lehrern, mit einigen Schülern, wir diskutieren, wir hören zu, wir schauen uns die Räume und immer wieder das gesamte Gelände an. Wir sprechen mit Lamaji über seine Ideen und vereinen sie mit unseren Erfahrungen. Das größte Problem bei der Müllbeseitigung erkennen wir schnell: Es existieren gar keine Mülleimer. In den kommenden Wochen entwickeln wir ein simples Konzept: einfache Trennung des Mülls in allen Räumen, separierte Mülltonnen auf dem gesamten Gelände und eine einfache Recyclingstation in Form eines kleinen Gebäudes mit Zufahrt zur Straße. Wir sprechen mit dem Hausmeister, mit dem hauseigenen Schreiner und mit den Bauarbeitern. Wir recherchieren die noch sehr rudimentären Recyclingmöglichkeiten in und um Kaza, entwickeln Ideen zur Wiederverwendung und loten Möglichkeiten zum Verkauf diverser Mülltypen aus. Peter entwickelt ein Implementierungsprogramm für Schüler, Lehrer und Angestellte, das sich in den kommenden Monaten stufenweise etablieren soll, und wir beschließen, mit einigen Kindern die fünfzehn Meter lange Wand im Eingangsbereich der Grundschule als Informationstafel für den neuen Recyclingprozess zu bemalen – und sie somit bunter und freundlicher zu gestalten. Mit der Unterstützung des Kunstlehrers Passan und einiger älterer Schüler führen wir die Malaktion durch. Die schönsten Momente sind die Pausen, in welchen sich die zuckersüßen Grundschüler mit ihren Patschehändchen an der Wand verewigen oder uns einfach nur munter unterhalten.

Sobald es am Nachmittag zu dunkel wird, um zu malen – nachmittags gibt es keinen Strom und somit kein Licht – nutzen wir die Zeit für den theoretischen Teil unseres Projekts. An den Abenden sind wir völlig erledigt, doch glücklich. Die Arbeit mit und unter den vielen Kindern ist unvergesslich. Unser Projekt läuft gut und wir sind vom Tatendrang des Lamajis angesteckt. Schließlich findet unsere Arbeit ein erfolgreiches Ende und wir machen uns für die Weiterreise bereit.

Während unserer Zeit dort erleben wir den lustigen Teachers Day, die Einweihung eines neuen Gebäudes sowie einen Cultural Evening mit vielen lokalen Tänzen der Kinder. Doch am meisten werden wir das große Herz und das Lächeln des Lamajis, das allzeit geschriene »Good Morning Ma'am Jennifer! Good Morning Sir Peter!« und das Lachen der Kinder vermissen. Mit Tränen in den Augen fahren wir vom Hof der Munsel-Ling Children Home School. ◊

SPECIAL
CYCLING STATION
BOTTLE
AND RECYCLING

AM GANGES

Varanasi und meine Entspiritualisierung

Auf dem Weg nach Osten ist eine Vorderachsfeder gebrochen. Zu Müßigkeit verdammt, sitzen wir fest und denken nach – über gebrochene Federn und über die Bedeutung heiliger Orte.

JEN Vielleicht war es unklug, diesen besonderen Ort fast am Ende unserer Zeit in Indien aufzusuchen. Über ein Jahr haben wir die wilden Straßen des Landes befahren, haben heilige und weniger heilige Orte besichtigt – und all das, was sich dazwischen befindet. Vielleicht hätte uns der Geist von Varanasi vor einem Jahr noch mehr in seinen Bann gezogen. Wir wissen es nicht. Als wir uns entscheiden, auf dem Hippie-Trail nach Indien zu reisen, hat das für uns zu keiner Zeit eine spirituelle Bedeutung. Dennoch ist das Thema immer präsent. Zum einen schreit das Land der Veden, der Upanishaden, der unzähligen Götter, Tempel und heiligen Orte danach – zum anderen begegnen wir sehr vielen Menschen, die genau aus diesem Grund – und aus keinem anderen – hierher gekommen sind. Die Omnipräsenz des Hinduismus im indischen Alltag, die Beatles, die Hippies, die Aussteiger dieser Welt, die Halluzinogene, die Farben, das Licht, die magischen Plätze und schließlich der Meditations- und Yoga-Tourismus haben nicht unwesentlich zum Image des Landes beigetragen.

Spiritualität – ich frage mich, was das eigentlich für mich bedeutet: Im weitesten Sinne Geistigkeit oder auch Geistliches in spezifisch religiösem Sinne. Ich persönlich bevorzuge die recht simple Definition, dass Spiritualität alles bezeichnet, was nicht materiell ist, oder eine nach Sinn und Bedeutung suchende Lebenseinstellung.

Ich bin ein spirituell interessierter Mensch und habe Spiritualität in meinem Leben bereits gespürt. In meiner Wohnung herrschte eine wilde visuelle Orgie aus Shivas und Ganeshas, Buddhas und kleinen Hausaltaren, Smoking Sticks, Prayer Flags, Bindis und Malas und Weihrauch und Klangschalen – aber auch Marienabbildungen und Engel. Weil ich sie schön finde. Das Leben einer vielleicht unentschlossenen, doch durchaus interessierten Spiritualitäts-Chaotin.

Schon lange fühle ich mich eines göttlichen Ursprungs bewusst, doch habe ich für diesen bisher keinen passenden Namen gefunden. Und das ist für den Moment gut so. Ich habe noch nicht den Drang verspürt, das zu sortieren oder zu gewichten, höchstens zu vertiefen. Dem Ganzen und mir näherzukommen. Zu wachsen an meinen Fragen und an den Antworten, die ich vielleicht finde.

Doch kann ich Spiritualität in Indien finden? Ich suche auf dieser Reise nicht nach Erlösung oder Erleuchtung. Vielmehr möchte ich für alles offen sein: für Kulturen, für die Natur, für Geschichten, für meine ganz persönlichen Erlebnisse. Ich lerne Menschen unterschiedlichster Religionen kennen, rücke meine eigenen Vorstellungen gerade, lese im Koran, in der Bhagavad Gita, erfahre vieles über den tibetischen Buddhismus, begeistere mich für die Worte des Dalai Lama, lerne hinduistische Götter kennen, besuche Kirchen, Moscheen, Tempel, Gompas, Gurudwaras, baue Vorbehalte ab, erlebe Einsichten, lerne Dinge kennen, die ich nicht verstehe und möchte mich mit ihnen in Zukunft intensiver auseinandersetzen. Doch was dann in Indien passiert, überrascht mich selbst: meine Entspiritualisierung!

Die Kommerzialisierung der sogenannten Indian Spirituality in den hinduistischen Teilen des Landes hat mich abgestumpft. Der Spirit am Ufer des Ganges in Varanasi bleibt aus. Ich genieße zwar die Magie des Lichts, das Aufgehen der roten Sonne, die unvergesslichen Farben, den wunderschönen Gesang der Pujas, den einzigartigen Klangteppich in der Morgendämmerung, den Geruch der Smoking Sticks, die Ordnung der Unordnung sowie das unglaubliche Chaos der vielen Gläubigen. Die Leichen auf den Sandelholzhaufen be-

rühren mich, einfach weil es tote Menschen sind. Aber leider kann ich den Müll, die Plastikflaschen im Fluss, die mit Werbung versehenen Holzboote und organisierten Bettelbanden nicht ausblenden. Ich möchte keine Kerze in einem aluminiumbeschichteten Plastiktellerchen in den Ganges setzen. Und ich kann nicht meditieren in diesem schönen Licht, denn ich kann keinen Frieden finden, wenn ich um mich herum gewehrsalvengleich »Boat?« vernehme.

Ähnlich erging es mir an anderen spirituellen Plätzen. Wenn sich am Strand von Goa die Yogazentren und lauten Happy-Hour-Bars den Platz streitig machen, bevorzuge ich die einsame Nachbarbucht. Orte wie Rishikesh, Hampi, Kajuraho, Amanarth, Mathura oder Varanasi – die durchaus unheimlich viel Schönes zu bieten haben – verlieren für mich an manchen Ecken ihre Glaubwürdigkeit durch die dominierende Kommerzialisierung von Riten und Bräuchen. Wenn ich von Sicherheitskräften gruppenweise an einem Altar vorbeigeschoben werde, einen in Ketten gelegten Elefanten an einem Tempeleingang erblicke, für jede kleinste Information zur Kasse gebeten werde, Souvenirshops in einem Ashram passieren muss oder von unzähligen Erleuchtungsresorts umgeben bin, schwingt die Nadel meines persönlichen Spiritualitätsbarometers eher im Defizitbereich.

Auch unabhängig von diesen Orten begegnet uns die spirituelle Praxis des Hinduismus täglich. Sie ist omnipräsent. Jeder General Store besitzt einen kleinen Altar, jede Rikscha ist mit Götterfiguren ausgestattet, Räucherstäbchen brennen am kleinsten Bananenstand, Opfergaben schwimmen in jedem Gewässer, bunte hochhausgroße Götterstatuen bewachen die Städte, jede Stirn ist bunt bepunktet, jeder Hals vielfach mit Ketten behängt, jede Speise mehrfach gesegnet, jede Einnahme am Ladentisch beweihräuchert. Diese Überpräsenz der Gläubigkeit hat mich nach einiger Zeit erdrückt.

Ich werde mich dennoch weiterhin an Spiritualitätssprungbrettern bedienen. Weil sie mir gut tun, sie mir helfen. Und weil ich Rituale liebe. Ich werde weitersuchen, auch in Indien, wie in jedem anderen Land der Erde auch. In den Bergen, an den Seen, am Meer, in den Herzen von Menschen, in den Sternen, die wir jede Nacht durch unsere Dachluke erblicken, in der Wüste, in tiefgründigen Gesprächen mit mir wichtigen, wahrhaftigen Menschen, in den Worten und Augen von Kindern, in alten Seelen, in einem Gitarrenklang von John Frusciante, in einem Blick, in göttlichem Sex, in einem Lagerfeuer, im Lächeln eines buddhistischen Mönchs, wenn ich seine Barmherzigkeit fühlen kann, vielleicht im tibetischen Buddhismus selbst, beim Besteigen eines hohen Passes, in mir, in dir, in uns – und beim plötzlichen Hauch einer Ahnung dessen, was all dies zusammenhält. ◇

EBOLA VIRAL DISEASE
SERVEILLANCE POST
MAO GATE
SOL

EINE ZERBORSTENE VORDERACHSFEDER hat uns in Varanasi zehn Tage festgehalten. Jetzt geht es los Richtung Osten, bis zur Grenze nach Myanmar. Dort werden wir im Konvoi reisen, gemeinsam mit anderen Overlandern, denn anders ist es nicht erlaubt. Nur noch elf Tage und 2200 Kilometer bis zur Grenze. Und wir machen richtig Strecke. Die kurzen Nächte verbringen wir an Indian-Oil-Tankstellen oder Truck-Terminals. Für die Stellplatzsuche bleibt nach zehn Stunden Fahrt keine Zeit. Roadtrip-Romantik pur! Die Straßen sind okay, die Beschilderungen mäßig und unser GPS halbwegs brauchbar. Der Monsun hat viele Brücken überschwemmt, sodass schwerere Fahrzeuge hier komplett in einer Sackgasse stehen. Wir müssen einen gigantischen Umweg fahren, um irgendwie über Mutter Ganges zu gelangen. Wollen uns die Götter nicht gehen lassen? Zugegebenermaßen haben wir nicht sehr viele Opfergaben dargebracht. Und manchmal haben wir auch sehr über den indischen Verkehr geschimpft! Ist das nun die Strafe?

Mittlerweile sind es nur noch zwei Tage bis zum geplanten Start unserer Gruppenreise durch Myanmar. Es sind nur noch 110 Kilometer von Imphal nach Moreh, der letzten indischen Grenzstadt vor Myanmar. Und so träumen wir vor uns hin, genießen die satte, grüne und ausgesprochen saubere Natur, die kleinen Dörfer Manipurs – und um Haaresbreite ignorieren wir den Ebola-Beauftragten in Mao komplett. Er ist hochmotiviert, einen Ebola-Check zu machen, irgendwo in einem Bergdorf mitten in Manipur. Auf die Frage wie er sich das in seinem winzigen, etwas unaufgeräumten Büro vorstellt, antwortet er mit einer Geste: Er hält uns seine Fieber-Pistole unter die Nase. Temperatur messen! Und was ist, wenn einer von uns beiden erkältet ist? Ich muss an Götter denken, und daran, dass wir geschlagene zehn Tage in Varanasi auf unsere Ersatzteile gewartet haben, daran wie wir mehr als zwei Tage gebraucht haben, um mit unserem fahrenden Zuhause irgendwie über den Ganges zu kommen. Und ich muss daran denken, wie lange es wohl in Manipur dauern würde, bis eine moderat ausgerüstete Klinik eine eventuelle Ebola-Erkrankung sicher ausschließen kann.

Der Ebola-Checker zieht seine Pistole, entsichert, hält genau auf die Schläfe und drückt ab. Jen ist sauber. Zweiter Schädel, er drückt ab. In meinem Kopf lege ich mir schon die Argumentation zurecht: Über den ersten Ebola-Fall wurde diesen Sommer berichtet, wir sind aber schon seit letztem Herbst in Indien. Wir können gar kein Ebola haben. Jen reißt mich am Arm und sagt: »Jetzt aber raus hier!« Keiner ist krank. Wir lachen, stürmen zum Auto und freuen uns auf **MYANMAR**.

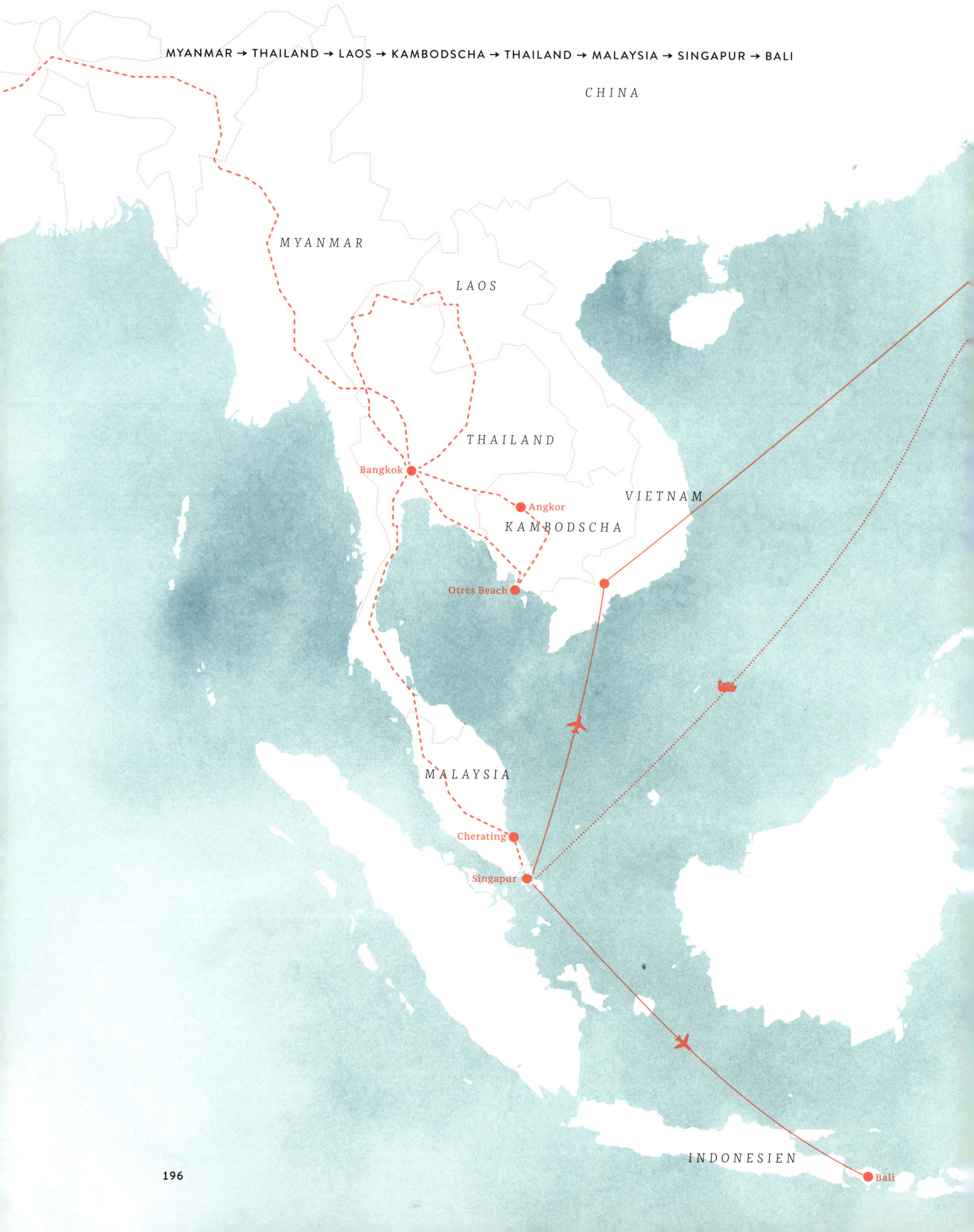
MYANMAR → THAILAND → LAOS → KAMBODSCHA → THAILAND → MALAYSIA → SINGAPUR → BALI
CHINA
MYANMAR
LAOS
THAILAND
Bangkok
Angkor
KAMBODSCHA
VIETNAM
Otres Beach
MALAYSIA
Cherating
Singapur
INDONESIEN
Bali

MYANMAR

Unser Highlight: Die Erleichterung, als wir trotz aller technischen Schwierigkeiten durchgekommen sind – und der Sonnenuntergang in Bagan.

Schönster Stellplatz: Vielleicht nicht der schönste, aber der witzigste – der Polizeihof bei Bagan.

1 Liter Diesel: Euro 0,47

Besonderheit: Man darf nicht selbstständig durch das Land fahren, sondern nur im Konvoi mit Regierungsmitarbeitern und Tourguide. Es gibt diverse Anbieter.
Visumspflicht (bekommt man einfach in Delhi)

Carnet de Passage erforderlich: ja

Straßenqualität: ★★★★☆☆☆☆☆☆

THAILAND

Unser Highlight: Nach über einem Jahr in Indien und Nepal freuen wir uns über die Infrastruktur, die guten Straßen und das »andere« Essen.

Schönster Stellplatz: Ein einsamer Strand vor Khao Lak: N 8° 49.865′, E 98° 15.999′

1 Liter Diesel: Euro 0,68

Besonderheit: Kurz nach unserer Reise war das Reisen im eigenen Fahrzeug durch Thailand nicht mehr möglich. Unbedingt aktuelle Informationen prüfen!

Carnet de Passage erforderlich: nein

Straßenqualität: ★★★★★★★★★☆

KAMBODSCHA

Unser Highlight: Das Wiedersehen mit einigen Reisebekanntschaften zu Weihnachten und Silvester, und natürlich Angkor Wat.

Schönster Stellplatz: Otres Beach: N 10° 35.006′, E 103° 32.621′

1 Liter Diesel: Euro 0,70

Besonderheit: Wir haben selbst zwar keine Probleme mit der Polizei gehabt, doch immer wieder von willkürlichen Polizeikontrollen und Strafen gehört.
Visa on Arrival.

Carnet de Passage erforderlich: nein

Straßenqualität: ★★★☆☆☆☆☆☆☆

LAOS

Unser Highlight: Die Entspanntheit des Landes

Schönster Stellplatz: Im Wald Nong Khiaw: N20° 32.623′, E102° 38.275′

1 Liter Diesel: Euro 0,74

Besonderheit: Visa on Arrival

Carnet de Passage erforderlich: nein

Straßenqualität: ★★★☆☆☆☆☆☆☆

MALAYSIA

Unser Highlight: Das Zeitloch, in das wir einmal wieder gefallen sind.

Schönster Stellplatz: Der Strand in Cherating

1 Liter Diesel: Euro 0,47

Besonderheit: Wir haben hier Schwierigkeiten beim Abschluss einer Autoversicherung, da es keine Kategorie für unser Fahrzeug gibt. Nach langem Hin und Her schließen wir »irgendetwas« ab.
Visa on Arrival.

Carnet de Passage erforderlich: nein

Straßenqualität: ★★★★★☆☆☆☆☆

SINGAPUR

Unser Highlight: Unser zweiter Hochzeitstag auf Reisen

Besonderheit: Ausländische Fahrzeuge dürfen in Singapur nicht fahren. Wir werden von einem winzigen Fahrzeug von der Grenze (Malaysia) zum Hafen *getowed*. Organisieren kann diese teure Aktion der Automobilclub von Singapur (AAS).
Visa on Arrival

Carnet de Passage erforderlich: ja

Die Straße im Grenzgebiet zwischen Myanmar und Thailand führt über einen steilen Pass. Um Komplikationen zu vermeiden, darf man an allen geraden Tagen in die eine Richtung, an allen ungeraden Tagen in die Gegenrichtung fahren. Da unser lokaler Tourguide als einziger in unserer Gruppe nichts von dieser Regelung weiß, müssen wir die Reise spontan um einen Tag verlängern.

facebook GLAARKSHOUSE
M OG 2013
nokair

MYANMAR

Ein wunderschönes Drama

Durch Myanmar darf man erst seit Kurzem mit dem eigenen Auto reisen – und auch nur in einem geführten Konvoi. Und so nimmt das »Abenteuer Gruppenreise« seinen Lauf.

DIE DRAMATIK

Ein erster Tag der Gruppenreise durch Myanmar im Konvoi mit Regierungsbegleitung
Eine lustige Ministeriumsmitarbeiterin ohne Englischkenntnisse
Ein stets fideler Agenturchef, wir nennen ihn Koch
Ein zwar stets betrunkener doch durchaus bemühter Tourguide

Ein Federbruch (unser zweiter) am ersten Tag der Reise, nun die Hinterachse
Ein Breakdown eines spanischen Motorrads, nur eine Stunde später
Eine schweißtreibende Schweißarbeit an unserer Feder
Eine Verladung eines fahruntüchtigen Motorrads

Ein langsam überforderter Tourguide
Ein paar unterschätzte Etappenziele
Ein Transport eines kaputten Motorrads nach Mandalay
Restliche Motorradfahrer, die stets warten

Zwei Auffahrunfälle an ein und demselben Auto
Eine abgestürzte Drohne vor den Augen Buddhas
Ein restlos überforderter Tourguide
Eine zunehmend angespannte Truppe

Ein gerissener Keilriemen (der hinterste von fünf)
Eine »nicht ausreichend schöne« Unterkunft
Ein geklautes Messer
Beharrlichkeit bei Teilnehmern, in Hotpants einen Tempel zu betreten.

Ein Unfall eines spanischen Autos mit einem burmesischen Motorradfahrer
Ein Polizeihof, viele Gespräche und ein spontanes Ende – aber ein gutes!
Zwei Motorradstürze, alle unverletzt – Gott sei Dank!

Eine sündhaft teure Ersatzteillieferung einer Feder aus Deutschland
Eine nicht unwesentliche Wartezeit beim burmesischen Zoll
Eine persönliche Lieferung des Ersatzteils an die thailändische Grenze
Wir verlieren noch mehr Öl.

EPILOG

Dreizehn gesunde, unverletzte und erleichterte Overlander in einer Wagenburg in Thailand
Drei gesunde, unverletzte und um einiges an Erfahrung reichere Agenturmitarbeiter
Ein stets positiver und uns mit Kuchen versorgender Fahrer eines Eskortfahrzeugs
Ein völlig entspannter und Steine kauender Hund

Eine Million Buddhas
Ein großer, goldener Felsen
Ein ziemlich hoher Berg
Tausende faszinierende Tempel

Zweitausend Kilometer Strecke in einem Land, durch das man erst seit 2013 fahren darf.
Fünfzehn wunderschöne, spannende und sehr lustige Tage im zauberhaften Myanmar
Dreiundfünfzig Millionen unheimlich freundliche, lächelnde Burmesen
Viele unvergessliche Momente in einem umstrittenen, jedoch aufregenden Land

Die Freude wieder allein zu sein!

Truck Stop

Unser geliebter Unimog ist von den Straßen Indiens und Myanmars schwer mitgenommen. Auf eine Empfehlung hin wollen wir ihn auf einem Autohof, der auf Unimogs spezialisiert ist (das thailändische Militär fährt dieses Fahrzeug), fit machen lassen. Keine gute Idee: Zwischenzeitlich ist nur noch eine Ruine übrig. Vier Wochen lang verzweifeln wir mehrmals täglich.

Fast and Furious

Das lange Stehen an einem Strand von Goa hat viel Rost verursacht. Der alte Lack muss runter und neuer Lack muss drauf. Kaum ist dieser trocken, ergreifen wir die Flucht und reisen über die Grenze nach Kambodscha an den Strand – nun in Grün statt Blau. Nur weg hier!

Mit dem Otres Beach in Sihanoukville erreichen wir einen weiteren beliebten Overlander-Strand. Wir treffen erneut unsere Reisebekanntschaften aus Thailand, Verena und Ben, sowie Bruno und Lina, mit denen wir durch Nordindien und Myanmar gefahren sind. Gemeinsam mit zehn weiteren Paaren und ihren Trucks feiern wir Weihnachten und Silvester an einer großen Tafel voller Essen sowie mit Feuer, Schwimmen, Tanz und Musik am Strand. Wären wir nicht mit Jens Vater in Bangkok verabredet, würden wir vermutlich weitaus länger als zwei Wochen hier bleiben.

ANGKOR Es fühlt sich ungewöhnlich an, dass wir ohne Probleme mit dem eigenen Fahrzeug in die atemberaubenden Tempelanlagen von Angkor fahren dürfen. Vom 9. bis zum 15. Jahrhundert bildete die Region das Zentrum des historischen Khmer-Königreiches Kambuja.
Übernachten können wir hinter dem kleinen Gebäude der Polizei, gleich am Eingang des Parks. Tagsüber pausieren wir einfach an den zahlreichen Picknickplätzen.

Drei schöne Tage verbringen wir in den Tempelanlagen, stehen bereits vor dem Sonnenaufgang auf, um das beste Licht zu erhaschen und lassen abends im Sonnenuntergang die unzähligen Eindrücke sacken.

Vier Haupttore umfassen das zentrale Gelände von Angkor – eines in jede Himmelsrichtung.
Auch wenn wir uns nur sehr langsam durch den Torbogen trauen: Wir passen durch!

LAOS

Die wiedergefundene Leichtigkeit des Seins

Natur, Ruhe und Gelassenheit

JEN Ich schaue aus dem kleinen Spalt des Fensters und sehe dunkle Wolken. Es ist frisch, wir haben uns nachts eine zweite Decke geholt. Ich höre ein lautes Röcheln, gefühlt direkt neben mir, aber es kommt von draußen. Nach zwei Jahren unterwegs erkenne ich auch im Schlaf das Schnaufen eines Wasserbüffels.

Ich gehe vor die Tür und bin vom regen Berufsverkehr überrascht, der sich vor dem *Glaarkshouse* abspielt. Gestern Abend haben wir nach längerer Suche diesen Stellplatz an einem kleinen, sauberen Bach gefunden und uns in der Wildnis vermutet.

Nun stehen vier Frauen, die mit bunten Tüchern bedeckt sind, im Wasser und waschen sich. Ein älterer Mann, der sich gerade die Haare shampooniert, singt laut und schön. Ein kleiner Junge treibt vier oder fünf Wasserbüffel durch den Bach. Ein junger Mann mit großer Tasche zieht seine schicken Schuhe aus, krempelt die Hose hoch und geht durch den Fluss. Eine Familie, die eigentlich nur den Bach überqueren will, dreht eine kleine Extrarunde um unser Auto, versucht einen kleinen Blick nach innen zu erhaschen und wundert sich erstaunlich wenig über die müde weiße Frau, die schlaftrunken, zerknittert und noch im Nachthemd das bunte morgendliche Treiben beobachtet. Erst lacht der Mann, dann die Frau, dann die Kinder. Sabaidee!

Ich steige wieder zurück in den Truck, denn vor dem ersten Kaffee lassen sich Eindrücke schlecht verarbeiten. Den Rest des Tages verbringen wir genau an diesem Fleck. Es wirkt herbstlich und bleibt den ganzen Tag über angenehm kühl. Die Mittagssonne brennt stark, doch die Luft ist wunderbar frisch. Schnell ist beschlossen: Hier bleiben wir erst einmal.

Wir tun es den Einheimischen gleich und waschen uns am erfrischenden Bach. Peter räumt ein paar Dinge auf oder um, bastelt am Auto, wir machen die Wäsche, ich backe Brot, stopfe ein paar Dinge, häkle – und wir genießen das pure Dasein, wie wir es in den letzten Wochen viel zu oft entbehren mussten. Gegen Abend wird es recht kühl, sodass wir uns in unserem Häuschen in dicke Decken kuscheln, Backgammon spielen und Hörbüchern lauschen. Hübsche Erinnerungen an unsere kleine Vorgartenidylle in Nepal werden wach.

Seit November sind wir in Südostasien, was nie auf unserer Route lag und nur aufgrund der Weigerung Chinas, uns nach Tibet einreisen zu lassen, in die Planung mit aufgenommen wurde. Aufgrund des organisierten Konvois ließ uns Myanmar wenig Zeit zur freien Verfügung. In Kambodscha haben wir die Weihnachtszeit am Strand ausnahmslos genießen können – unter etwas Zeitdruck, da wir im Januar in Bangkok meinen Vater getroffen haben. Mit Thailand sind wir – um ehrlich zu sein – noch nicht so richtig warm geworden.

Als wir Ende Januar – trotz ungelöster Probleme am Auto und der Gewissheit, bald nochmals eine Werkstatt aufsuchen zu müssen – beschließen, in den Norden nach Laos zu fahren, haben wir uns bewusst wenig vorbereitet. Der Grenzübertritt in Huay Xai verläuft zum Glück entspannt und unproblematisch. Wir freuen uns über den zügigsten Abschluss einer Autoversicherung seit Reisebeginn und den fließend Englisch sprechenden Sachbearbeiter – hat uns doch derselbe Abschluss in Thailand zwei Tage und viele Nerven gekostet.

Wir wurden mehrfach vor den laotischen Straßen- und Verkehrsverhältnissen gewarnt, dabei wirkt nach über einem Jahr auf Indiens Straßen wahrscheinlich jegliche Verkehrssituation auf uns entspannt. Und so rollen wir gemütlich durch dieses ruhige, grüne, hügelige

Land mit seinen zuvorkommenden Menschen. Die Wälder, der gewaltige Mekong und vor allem die vielen kleineren Flüsse haben es uns angetan. Wir entdecken äußerst malerische und entspannte Backpacker-Oasen wie Nong Khiaw, Vang Vieng oder Luang Prabang. Da diese Orte allerdings außer unzähligen Guesthouses, überteuerten Supermärkten, Restaurants und River Views wenig zu bieten haben, ziehen wir die kleinen Märkte in den Dörfern und die Millionen-Sterne-Flussbetten inmitten der Reisfelder vor. Dort sind wir über die Bauernjungen entzückt, die mit ihren großen Taucherbrillen und winzigen Harpunen zum Fischen im Wasser toben. Wir sind von der lustigen laotischen Familie überwältigt, die uns mit einer Jahresration weißer Rüben eindeckt. Und wir freuen uns über die bunten Kanufahrer, die vor unserer Haustür vorbeigleiten und laut »Servus!« rufen, als sie unser Münchner Kennzeichen entdecken. Laos verlassen wir mit einem völlig zufriedenen und ausgeruhten Gefühl.

Sabaidee! ◊

JUST MARRIED

MALAYSIA

Tage am Meer

Ganz im Süden fallen wir erneut in ein Zeitloch.

JEN Geplant war, im malaysischen Cherating einige Tage zu bleiben. Heute ist genau ein Monat vorüber. Ein halber soll noch hinzukommen. Wir wollen Meer.

Doch wie genau landet man in einem Zeitloch? Auf jeden Fall ungeplant und ungebremst. Wir erreichen einen Ort und finden ihn vielleicht erst nur so mittelmäßig gut. Müde von der Fahrt in der sengenden Hitze hüpfen wir noch kurz in die Brandung, packen ein paar Dinge aus, bereiten schnell etwas zu essen zu und gehen früh ins Bett. Wir schlafen tief. Doch schon beim nächsten Augenaufschlag ist da dieser Moment: Ich spüre das Meer, ich höre das Meer, ich fühle das Meer, ich rieche das Meer.

Aufstehen, rein in die Badesachen, schwimmen gehen – noch vor dem ersten Kaffee. Wettlauf ins Wasser, Sand zwischen den Zehen spüren, abkühlen. Meer! Schnell ist die erbarmungslose Hitze Kuala Lumpurs vergessen. Wind in den Haaren, untertauchen, treiben lassen. Sich der Schönheit dieses Flecken Erde bewusst werden. Wir bewegen uns mit den Wellen. Wir sind am Meer! Schnell wird ein etwas ausgedehnterer Aufenthalt an diesem Strand nicht mehr ausgeschlossen. Also gut. Kurz mal bei den Nachbarn vorbeischauen. Hallo sagen. Ist es okay, dass wir hier stehen? Für ein paar Tage? Okay! Wir dürfen uns bei Ruby – dem einzigen Guesthouse weit und breit – am Leitungswasser bedienen. Das bedeutet Freiheit für uns. Ist das nicht wunderbar! Vorzelt aufbauen, Tisch und Stühle raus, Waschwanne für die sandigen Füße füllen. Beachball-Schläger aus den Tiefen einer Kiste bergen. Falträder aufbauen und aufpumpen. Yogamatte sauber machen, Wäscheleine spannen, einen Herd bauen. Trockenes Treibholz gibt es im Übermaß.

Im etwa drei Kilometer entfernten, mit dem Fahrrad leicht zu erreichenden Dorf finden wir alles, was wir brauchen. Den Muezzin hören wir aus dem Bett. Die freundlichen Fischer bringen uns frisch Gefangenes. Einfach so. Nach dem Freitagsgebet wird es voll am Strand: Picknick-Gruppen, Turteltäubchen, Camper, bunte Kopftücher und laute Kinder. Hin und wieder fährt sich jemand im Sand fest. Das heißt, wir dürfen rausziehen. Und auch am Wochenende gibt es immer was zu sehen. Für den Rest der Woche gehört das Meer uns allein. Wir gleiten unaufhaltsam in den Zeitloch-Modus. Unsere Körper schreien nach Bewegung. Schwimmen, Laufen, Asanas, Einatmen, Ausatmen. Wir laufen, sobald das Wasser niedrig ist. Wir schwimmen, sobald das Wasser ruhig ist. Wir folgen den Rhythmen der Natur.

Unsere Gedanken drehen sich um die Zukunft. Wir haben beschlossen, uns langsam wieder Richtung Deutschland zu bewegen. Wir freuen uns auf alles, was kommt. Wir sind fleißig, wir schreiben, wir reden, wir buchen ein Schiff und einen Flug. Wir schmieden Pläne. Wir stoßen Kugeln auf dem grünen Filz des Lebensbillardtisches an und schauen, was passiert. Wir feiern Ostern. Wir feiern Reisegeburtstag. Wir feiern das Leben. Nein, es gibt definitiv nichts zu verbessern. Nichts, was noch besser wäre, als mit dir im Hier und Jetzt zu sein, am Meer. ◇

To Russia with love

Das *Glaarkshouse* ist wieder allein auf hoher See. Unser Zuhause befindet sich (hoffentlich) irgendwo zwischen Südkorea und Japan, geparkt auf einem riesigen Roll-on-Roll-off-Cargo-Schiff. Während dieser Zeit müssen wir ein entspanntes Zuhause fernab des *Glaarkshouses* finden. Vier Wochen Singapur sind keine Option. Eine Reise nach Neuseeland ohne unser eigenes Fahrzeug wäre zu traurig gewesen. Mit dem Rucksack herumzureisen, reizt uns gerade nicht. Größer ist das Bedürfnis nach Innehalten, angenehmer Routine, Rückzug und der Möglichkeit, uns ein wenig zu bewegen. Die Zeit bis zum Wiedersehen mit unserem Unimog in Wladiwostok verbringen wir deshalb auf Bali.

UBUD, BALI Wir bewohnen ein kleines Appartement mit viel Platz, Garten, Teekocher, Kühlschrank und Küchenzeile am äußersten Rand der Stadt im Regenwald. Wir haben einen Roller gemietet, sodass wir bei Bedarf mal eben ins Dorf fahren können. Wir sehnen uns nach Ruhe und Erholung, denn wir wissen, dass mit der Fahrt von Wladiwostok über die Mongolei nach München etwa 15 000 anstrengende Kilometer vor uns liegen.

Während wir online einige organisatorische Dinge für unsere Rückkehr nach Deutschland zu erledigen haben, verbringen wir die Tage ansonsten mit Yogastunden, Schwimmen, Schlafen, Lesen, kleinen Ausflügen über die Insel sowie mit entspannten Stunden in den kleinen Warungs und Backpacker-Cafés. Zu unserer Überraschung treffen wir in einem Biomarkt unseren Bekannten Vinnie, mit dem wir in Spiti Valley für eine NGO gearbeitet haben.

Die Zeit auf Bali tut uns richtig gut. Gesund, gestärkt und geerdet vermissen wir aber am Ende doch wieder unser *Glaarkshouse* und die Straße – und wir freuen uns auf **RUSSLAND!**

SÜDKOREA

Unser Highlight: Wir haben als Mitfahrende den Unfall mit einem Taxi mit betrunkenem Fahrer – das Taxi hatte einen Totalschaden – ohne Kratzer überlebt.

Besonderheit: Visa on Arrival

RUSSLAND

Unser Highlight: Der faszinierende Baikalsee und die extrem entspannten Russen

Schönster Stellplatz: Überall direkt am Baikalsee

1 Liter Diesel: Euro 0,55

Besonderheit: Das Touristenvisum gilt nur für 30 Tage, deshalb haben wir uns für ein zwölfmonatiges Businessvisum entschieden, mit dem man pro Halbjahr 90 Tage am Stück im Land bleiben darf.

Trinkwasser gibt es in jedem Dorf an öffentlichen Brunnen.

Carnet de Passage erforderlich: nein

Straßenqualität: ★★★★★★☆☆☆☆

MONGOLEI

Unser Highlight: Die Weite des Landes und die atemberaubende Natur

1 Liter Diesel: Euro 0,57

Besonderheit: Das Quellwasser ist hier meist trinkbar, aber manchmal etwas salzig.
Visa on Arrival

Carnet de Passage erforderlich: nein

Straßenqualität: ★☆☆☆☆☆☆☆☆☆

LETTLAND / LITAUEN

Unser Highlight: Vilnius, die Hauptstadt von Litauen

Schönster Stellplatz: Überall am Rande kleiner Dörfer

1 Liter Diesel: Euro 1,03

Besonderheit: An der Grenze von Russland in die EU müssen wir lange Kontrollen über uns ergehen lassen. Lebensmittel wie Fleisch, Milch oder Eier dürfen nicht in die EU eingeführt werden.

Straßenqualität: ★★★★★★★☆☆☆

POLEN / TSCHECHIEN

Wichtig: Wir besuchen die Holocaust-Gedenkstätte in Auschwitz.

1 Liter Diesel: Euro 1,10

Besonderheit: Wir sind wieder in Europa! Nicht wundern über Preise, Parkplatzautomaten und kostenpflichtige Toiletten.
Teilweise sind Maut-Boxen für LKWs erforderlich, je nach Gewicht.

Straßenqualität: ★★★★★★★☆☆☆

Дружба
БАР

Дружба
БАР

RUSSLAND

Die Transsib auf vier Rädern

Von Wladiwostok an den Baikalsee

JEN Vor fünf Jahren bin ich mit der Transsibirischen Eisenbahn – der Transmongolia-Variante – mit dem Rucksack von Moskau über Irkutsk und Ulan-Bator nach Peking gefahren, eine unvergessliche Reise. Damals war mir klar, dass ich diese Strecke irgendwann noch einmal bereisen möchte. Nie hätte ich aber gedacht, dass ich eine ähnliche Strecke nun im eigenen Auto fahren werde.

Wir beginnen unsere ganz persönliche Transsib genauso wie der legendäre Zug in der Hafenstadt Wladiwostok. Wir sind weiter entfernt von Moskau, als wir es von München aus wären. Nach einer groben Reiseplanung, vielen Blicken auf die riesige Karte und ein paar Hochrechnungen ist uns schnell bewusst, dass wir zunächst einmal richtig Strecke machen müssen. Nicht weil wir es besonders eilig hätten, doch bei der unglaublichen Größe dieses Landes sind 90 Tage Aufenthaltsdauer gar nicht so viel. In unserem normalen Reisetempo würden wir allein etwa 40 Tage von Ost nach West benötigen, wenn wir nur durchfahren würden. Doch wir wollen ja auch etwas sehen. Unsere grobe Route reicht von Wladiwostok über Chabarowsk, Tschita und Ulan-Ude an den Baikalsee, an dem wir unsere Sommerferien verbringen möchten.

Die Tage auf der Straße sind anstrengend, aber auch spannend: Wir passieren burjatische Dörfer, buddhistische Tempel, schamanische Stätten und atemberaubende Steppen. Und wir werden von freundlichen,

naturverbundenen und hilfsbereiten Menschen willkommen geheißen. Den ganzen Tag über fahren wir auf mehr, manchmal weniger guten Straßen durch ein gewaltiges, grünes Land, dessen Größe mir wieder neu bewusst wird. Nach mehreren Tagen (und Zeitzonen!) haben wir uns auf der Landkarte kaum bewegt.

Wir stehen früh auf und packen Frühstück, Wasser und Proviant für die Fahrt – zum Glück haben wir reichlich eingekauft, denn auf den 4000 Kilometern gibt es viele nur dünn besiedelte Gegenden. Getankt werden muss natürlich oft, doch bei den hiesigen Dieselpreisen schmerzt das nicht zu sehr. Lediglich die Verständigung ist zeitweise schwierig, doch eigentlich immer lustig. So bestelle ich (denn das macht man hier so) auch mal eben 1100 Liter Diesel und bestehe darauf, auch wenn die Kassiererin mich skeptisch anblickt. Zum Glück kann man auch im hintersten Sibirien eine Kreditkartenzahlung stornieren – ich wollte doch nur 110 Liter. Die ein oder andere Pause verbringen wir in illustren Transit-Cafés an der Straße oder wir kaufen Proviant in einem der kleinen Dorfläden. Honig, Beeren, Äpfel und Kartoffeln fürs Abendessen finden wir immer wieder an den kleinen Ständen an der Straße ins Nirgendwo.

Bei der Suche nach einem Nachtlager oder bei nötigen Einkäufen begeistert uns die Herzlichkeit der Menschen. Der Parkplatzwächter Dimitry besteht darauf, uns eine Tüte zu schenken – mit Kartoffelsalat,

Krapfen, Teebeuteln, Bonbons, Brot und Klopapier! Am Kotokelsee, einem berühmten Wochenendziel für das große Fischer-, Jäger- und Sammlervolk, begegnen wir Wladimir und seinem Freund Dimitric – zwei waschechte und überzeugte Kommunisten. Wir verbringen zwei wundervolle Abende bei selbst gefangenem Fisch, Pelmeni, Zwieback, Kuchen, guten Gesprächen (auf Englisch) und melancholischer russischer Folklore, die die beiden liebevollen Rentner auf Gitarre und Bajan (ein russisches Akkordeon) zum Besten geben. Wladimir erzählt uns Geschichten aus seinem Leben, von seiner Familie und erklärt, warum er zuzeiten der Sowjetunion glücklicher war. Heute pflegt der geschiedene Elektroingenieur und Lehrer seine gehörlose Mutter und ist deshalb von Irkutsk an den kleinen See gezogen.

Am nächsten Morgen erscheint Tatjana mit einem Bündel Bananen und Keksen an unserer Tür. »Strasvutje!« Schnell ist unser Missing Link gefunden: Sie und ihr Mann fahren ein deutsches Auto. Wir lachen viel und ich bin froh, auf den langen Fahrten ein paar Brocken Russisch – und vor allem die kyrillischen Schriftzeichen – gelernt zu haben. Wenige Worte reichen oft aus, um das Eis zu brechen. Wir geben Tatjana unseren übrigen Kuchen mit auf den Weg.

Es überrascht mich nicht, dass uns abends der etwa achtjährige Camp-Nachbar Aljosha an unserem Lagerfeuer besucht. Seine Eltern trauen sich nicht zu uns, sie haben ihn mit

Keksen vorgeschickt. Er soll ein Foto von uns knipsen, da man uns aus der Ferne nicht so richtig erkennen kann. Aljosha korrigiert mehrfach unsere russische Aussprache, und so haben wir viel Spaß miteinander.

Bei den Zwischenstopps in den größeren Städten ergeht es uns nicht anders. Egal ob im Sputnik-Supermarkt, am Schaschlik-Imbiss, bei der Automontage, an der Tankstelle, am Lenin-Denkmal oder bei der Polizei (wir haben dort geparkt): Wir begegnen ausnahmsloser Herzenswärme. Russland ist zauberhaft. Ich habe mich verliebt!

Und während wir uns einfach nur noch treiben lassen, werden Peter und ich an unserem ersten großen Zwischenziel, dem Baikalsee, mit einem der unvergesslichsten Stellplätze unserer Reise beschenkt. Inmitten eines kleinen Waldes, doch direkt am See finden wir unseren Traum: einen Sandstrand, einen postkartenidyllischen Ausblick, glasklares und trinkbares Seewasser, genug Platz für eine Feuerstelle, einen wunderschönen Pfad für die morgendliche Joggingrunde – und darüber hinaus Ruhe, Sonne, Natur und viele Streifenhörnchen. ◇

M
OG 2013

ERKENNTNIS

№ 5

In Russland läuft ständig
Modern Talking im Radio.

MONGOLEI

Ein Offroad-Traum und Albtraum

Fürs tagelange Offroad-Fahren ist die Mongolei unschlagbar. Luft aus den Reifen lassen und Sport-BH tragen!

»Freundlichkeit zu jeder Zeit kostet nicht viel.« (Mongolisches Sprichwort)

Die Mongolei ist groß, sehr groß! Das Gelände erstreckt sich über 1 566 000 Quadratkilometer – das ist mehr als viermal so groß wie die Fläche Deutschlands. Verglichen mit der Größe des Landes ist die Bevölkerungszahl verschwindend gering. Nur etwa 2,8 Millionen Menschen leben in der Mongolei, wobei allein eine Million davon in der Hauptstadt Ulan-Bator wohnt. Deshalb begegnen wir unterwegs oft tagelang niemandem. Wenn wir allerdings doch auf Menschen treffen, sind diese äußerst freundlich und hilfsbereit, wenn auch ein wenig schüchtern. Obwohl wir der Landessprache nicht mächtig sind, können wir uns mit einem *Point it* sowie ein paar Brocken Russisch einigermaßen verständigen. Ein freundlicher Blick oder herzliches Winken wird überall verstanden und mit heiterem Lächeln beantwortet.

Das mongolische Trampeltier erkennt man an seinen zwei Höckern. Die meisten Tiere, die uns begegnen, sind domestiziert – doch wir treffen auch auf wilde Trampeltiere in der Wüste Gobi.

Obwohl wir uns oft gefühlt am Ende der Welt in der absoluten Einsamkeit befinden, treffen wir immer wieder auf Hirten und Reiter. Es ist uns ein Rätsel, wie sich die Menschen hier ohne Navigationsgerät orientieren.

»Zwei Menschen in Freundschaft sind stärker als Mauern aus Stein.«
(Mongolisches Sprichwort)

Nicht selten werden wir von Nomaden in ihre Jurten eingeladen und lernen die lokalen Sitten, Gebräuche und (wenn auch gewöhnungsbedürftigen) Spezialitäten kennen, wie etwa vergorene Stutenmilch, Yak-Käse und Murmeltier. Zum ersten Mal erwähne ich sofort, dass ich Vegetarierin bin (was zu diesem Zeitpunkt gar nicht wahr ist).

Das mongolische Essen schmeckt uns nicht! Wir mögen weder fettiger Hammel, noch Buuz (gefüllte Teigtaschen mit fettigem Hammel), auch auf getrocknete Stutenmilch und fettige Kamelmilch verzichten wir lieber.

Jurten sind die traditionellen Behausungen der Nomaden in der Mongolei und in Zentralasien. Sie bestehen hauptsächlich aus Filz (Schaf oder Kamel) und können innerhalb kurzer Zeit auf- und abgebaut werden. In der Mitte der Jurte steht ein kleiner Ofen. Die meisten Jurten verfügen mittlerweile über Solarzellen oder Generatoren und TV- bzw. Satellitenanlagen.

»Wer sich beeilt, friert.« (Mongolisches Sprichwort)

Im Gegenzug bekommen wir viel Besuch an und in unserem Fahrzeug. Wir schauen etwas verdutzt, als eines Abends der Bürgermeister eines kleinen Dorfes unangemeldet in unserer Küche steht.

Besonders die Kinder sind oft hin und weg von unserem Truck. Sie machen sich einen Spaß daraus, zu testen, wer sich näher an uns herantraut. Wir haben viel Freude, mit ihnen zu lachen.

Pferde sind ein elementarer Bestandteil der mongolischen Lebensweise. Wir begegnen immer wieder riesigen Herden, die auf den endlosen Weiten des Landes scheinbar unbeaufsichtigt leben.

Die Autofahrer sind völlig furchtlos und entspannt. Regen verwandelt die Wege unverzüglich in Schlammpisten. Kein Grund, zu warten! Fährt man sich fest, kommt man schon irgendwann wieder heraus – spätestens wenn es wieder trocken ist. Wir haben unser Abschleppseil in diesen Tagen immer griffbereit, denn wir brauchen es mehrmals täglich, um anderen zu helfen.

Die Orientierung in der Wüste gelingt dank unseres Navis mit Sicherheit besser als noch vor ein paar Jahrzehnten (es ist uns allerdings ein Rätsel, wie die Reisenden in den 1970er Jahren hier überhaupt navigieren konnten). Dennoch stellt uns das Nichtvorhandensein von richtigen Straßen immer wieder vor große Herausforderungen. Unser Kartenmaterial aus Deutschland eignet sich eher zum Verfeuern, eine lokale Karte, die wir in Ulan-Bator erwerben, hilft schon mehr, doch am Ende setzen wir eher Punkte auf unserem Navigationssystem und fahren mehr oder weniger Luftlinien. Oder wir nehmen einfach eine der gefühlt siebzehn fast parallel verlaufenden Schotterpisten. Es hilft auch nicht, dass viele Orte und Flüsse gleich heißen. Manchmal unterstützen uns die Stromleitungen bei der Navigation, denn sie führen meist zu einer Siedlung.

Doch das Offroad-Fahren macht große Freude. Jeder Tag ist eine Challenge! Unser Unimog kann sich wieder einmal von seiner besten Seite zeigen, nicht selten ziehen wir größere und kleinere Fahrzeuge aus dem Schlamm oder Sand. Lediglich das Ächzen im Gebälk des *Glaarkshouses* macht uns nach tagelanger Pistenfahrt hin und wieder Sorgen. Und obwohl wir tagsüber alle Luken dicht machen, ist die Wohnkabine abends voller Sand – in jeder erdenklichen Ritze.

2013
D
PART

»Weilt der Gast auch nur kurz, so sieht er trotzdem viel.« (Mongolisches Sprichwort)

Für uns stellt sich das Land schließlich als der größte Campingplatz und Offroad-Park der Welt dar – ein Abenteuerspielplatz für Biker, Allrad-LKW-Fahrer sowie alle anderen Offroad-Fans. Halten und campen kann man in der Mongolei eigentlich überall. Einzig und allein das Wetter müssen wir bei der Stellplatzsuche im Auge behalten. Bei Regen verwandeln sich sandige Hügel schnell in schreckliche Schlammlawinen. Das Klima ist ebenso wechselhaft wie der Zustand der Pisten. Wir erleben Minustemperaturen ebenso wie sommerliche Temperaturen mit bis zu 35 °C. Bei starkem Wind suchen wir uns geschützte Stellen neben Hügeln, denn zum ersten Mal beschleicht uns das Gefühl, das *Glaarkshouse* könnte kippen. In manch stürmischer Nacht trinke ich zur Beruhigung den ein oder anderen Schluck Wodka. Die Aussichten der Stellplätze toppen sich selbst mit jedem neuen Tag. Die Weite, die Stille, die Geräusche der Bäche und der Tiere – nie zuvor haben wir uns so sehr im Einklang mit der Natur gefühlt. Wir baden in eiskalten Gebirgsseen, glasklaren Flüssen – inmitten von Yaks, Pferden, Kamelen oder Kühen.

GERMANY
LAARKSHOUSE

ERKENNTNIS

№ 6

Die Nebenspur einer Offroad-Piste ist immer nur vermeintlich besser.

RÜCKREISE

Eine Geschichte gegen Fernweh

Nachhauseweg mit Hindernissen

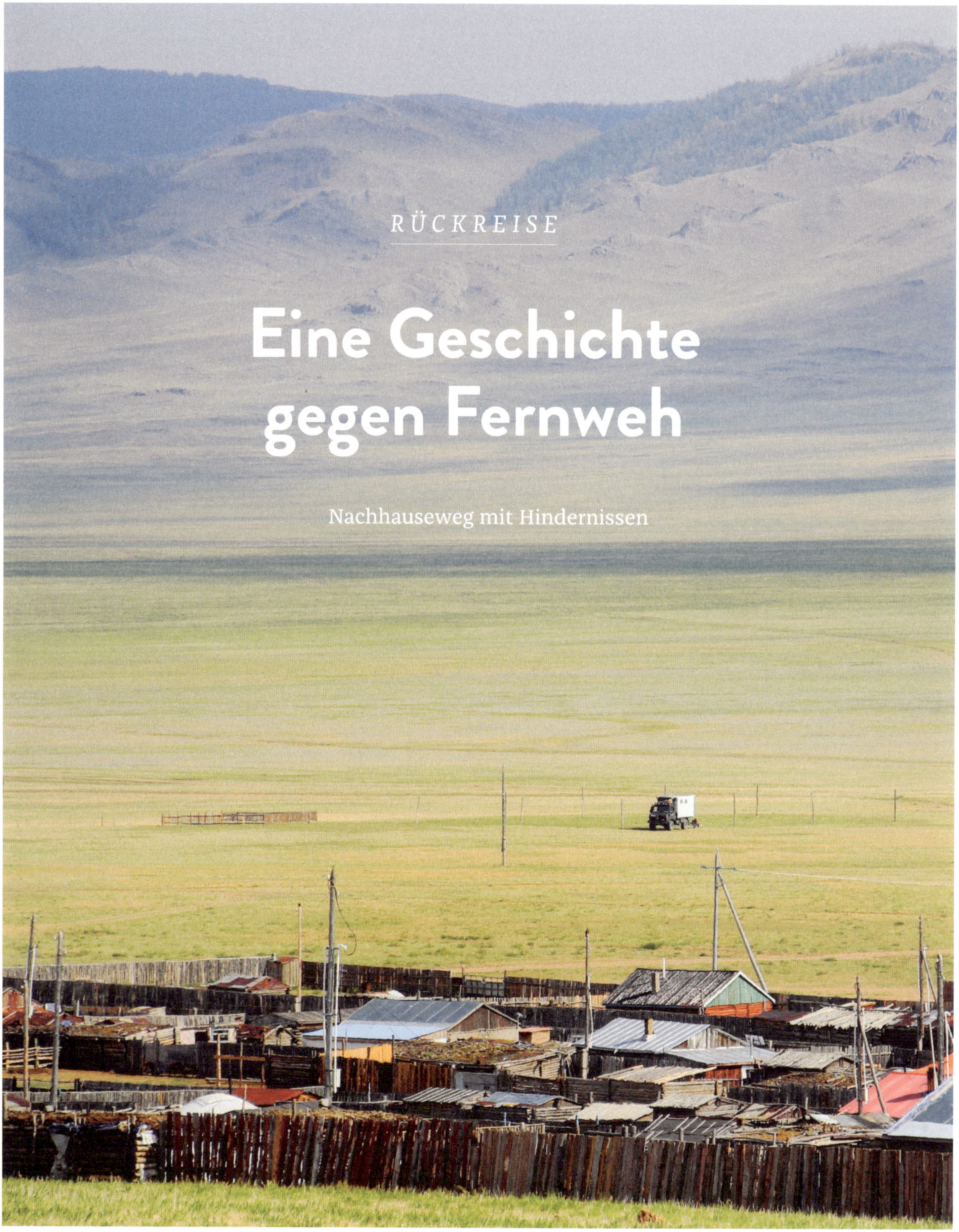

JEN An einem stürmischen, grauen Nachmittag stranden wir mit unserem Fahrzeug inmitten der unendlichen Weite der Wüste Gobi – fernab jeglicher Zivilisation.

Am frühen Morgen schon ziehen wir mit einem eigenwilligen Gefühl der Unbehaglichkeit los, verunsichert durch ein seltsames und nicht lokalisierbares Geräusch, vielleicht auch einfach von einem undefinierbaren Grummeln im Bauch. Wir tauschen uns über die Zweifel an der astreinen Fahrtauglichkeit unseres Trucks aus, beschließen jedoch, zügig weiterzufahren, um uns der Zivilisation wieder zu nähern. Während des gesamten Tages peitscht uns der Regen entgegen, es ist eisig kalt und wir müssen uns der ein oder anderen Schlammschlacht stellen. Bei Einbruch der Dunkelheit und aufsteigender Müdigkeit schlägt Peter vor, das Nachtlager unweit eines kleinen Dorfes aufzuschlagen – ganz entgegen unserer Gewohnheit, abgeschiedene Plätze zu suchen, und er ist sich nicht darüber bewusst, welch guter Fügung er sich in diesem Moment nähert.

Nach der ersten bitterkalten Nacht seit über zwei Jahren stehen wir sehr früh auf, um die Fahrt weiter Richtung Westen zu bestreiten. Passend zum Wetter wache ich mit einer saftigen Erkältung auf. Als Peter den Motor startet, erkennt er schnell das Dilemma: Das Bremsventil hat den Geist aufgegeben, die Bremse löst sich nicht, wir stecken fest. Während Peter bei den nötigen Handgriffen unter der Motorhaube der Sturm entgegen peitscht, sitze ich fiebrig und frierend in der wackelnden Wohnkabine, den Tränen nahe beim Blick auf die trostlose Weite.

Es hilft nichts, wir müssen uns der Herausforderung stellen und einen Masterplan ausarbeiten. Wo sind wir eigentlich? Bei einem kurzen Spaziergang in der Kälte wird die Gegend ausgekundschaftet. Wir befinden uns in einem beschaulichen Steppendorf namens Songino – etwa am Ende der Welt, doch immerhin sind wir in einem Dorf. Es gibt ein kleines Geschäft mit einfachen Nahrungsmitteln und Quellwasser. Wenn wir unsere Handys in optimalem Winkel an die richtigen Stellen halten, empfangen wir sogar langsames aber stabiles Internet – nicht unwichtig bei der Problemlösung.

Während ich mittlerweile dick eingepackt im Bett liege, recherchiert Peter die nötigen Informationen für die nächsten Schritte. Bald ist klar: Wir brauchen ein wichtiges Ersatzteil aus Deutschland. Dieses kann in acht bis zehn Tagen nach Ulan-Bator geschickt werden, wo es allerdings aus dem Zoll geholt werden muss. Wir könnten Ulan-Bator mit dem Chicken-Bus in etwa 70 bis 80 Stunden erreichen, um das Teil zu holen. Unser Visum ist allerdings nur noch wenige Tage gültig. Sollen wir das *Glaarkshouse* nun einfach hier stehen lassen? Sollen wir die nähere Visumsstelle im Westen

oder die in der Hauptstadt aufsuchen? Nach einer weiteren kalten Nacht, einem langen Spaziergang durch die Steppe und dem Erwerb von genügend Vorräten und Trinkwasser entscheidet Peter, dass er sich nun doch noch einmal der Reparatur der Bremsanlage widmet. Wenigstens ein Teil des Problems scheint allein durch das Ansteigen der Außentemperatur wieder gelöst zu sein – zumindest löst sich die Bremse wieder. Auch wenn wir das Ersatzteil auf jeden Fall benötigen und bestellen, entscheiden wir uns für die Weiterreise am nächsten Tag – trotz eingeschränkter Bremswirkung. Bisher war die Wüste doch eher flach

und Gegenverkehr gibt es eigentlich auch nicht. Wer braucht schon eine voll funktionstüchtige Bremse? Am folgenden Tag setzen wir die gewagte Reise in den frühen Morgenstunden fort. 500 Kilometer Offroad haben wir vor uns, bei den aktuellen Straßenverhältnissen bedeutet das mindestens drei kräfte- und nervenzehrende Tagesfahrten.

Unheimlich erleichtert erreichen wir die Stadt Ölgii an der kasachischen Grenze, in der wir uns nun einige Zeit aufhalten werden. Inzwischen haben wir einen Bekannten eines Bekannten ausfindig gemacht, der unser Ersatzteil in Ulan-Bator aus dem Zoll holen und mit einem Kleinflugzeug zu uns nach Ölgii schicken wird. Wir sparen uns also den Weg zurück in die Hauptstadt und verlängern unser Visum hier am westlichsten Zipfel der Mongolei.

In Ölgii können wir uns endlich ein wenig von den Strapazen der letzten Tage erholen. Während wir zehn Tage auf das Ersatzteil warten, planen wir unsere weitere Fahrt durch Russland, durch das Baltikum und schließlich unsere langsame und gemächliche Heimfahrt nach Deutschland, die noch weitere zwei Monate in Anspruch nehmen soll. Wir widmen uns der Wohnungssuche aus der Ferne, organisieren Bürokratisches und kurbeln langsam aber sicher unseren Wiedereintritt in die Heimat-Atmosphäre an.

Als das Ersatzteil endlich ankommt und rasch eingebaut ist, setzen wir schnell unsere Reise über Nowosibirsk, Omsk und Kazan nach Moskau fort. Von dort ist es dann auch nicht mehr weit, bis wir nach über zwei Jahren und einer abenteuerlichen Grenzkontrolle wieder die EU betreten. Ein seltsames Gefühl!

Auch wenn das Baltikum sicherlich unheimlich viel Spannendes zu bieten hat, fahren wir nach kurzen Aufenthalten in Valnia, Warschau und Auschwitz zügig weiter. So nahe an der Heimat schaffen wir es einfach nicht mehr, unsere Vorfreude auf Freunde und Familie im Zaum zu halten. Wir wollen nach Hause!

Und so stehen Peter und ich Ende Oktober nach 30 Monaten wieder in der Hofeinfahrt im Münchner Osten, die der Startpunkt unserer Reise war, die nun der Endpunkt unsere Reise ist.

WIR FALLEN UNS WEINEND VOR FREUDE UND GLÜCK IN DIE ARME. ◇

FAST FOOD
ХҮНСНИЙ БҮТЭЭГДЭХҮҮН
ЦЭВЭР УС, УНДАА
БЭЛЭН ХООЛ
FOOD
WATER, COLA
BREAD
MEAT FOOD
9969-9041

JEN Wir schlendern Arm in Arm durch die Straßen Mdinas. Es ist angenehm warm und wir genießen das Licht des Sonnenuntergangs, das in den verwinkelten Gassen spannende Schatten wirft.

»Vermisst du es manchmal?«, frage ich Peter.

»Ich denke fast täglich daran, aber nein, vermissen tu ich es nicht, dafür ist ja momentan gar keine Zeit!«, entgegnet er, löst sich aus meinem Arm und rennt Frida hinterher, die – bewaffnet mit ihrer kleinen blauen Schaufel – gerade ausbüchsen will.

Peter nimmt Frida auf die Schultern und wir spazieren weiter und rufen uns ins Gedächtnis, was im Rückblick die wichtigsten Dinge waren, die wir von unserer großen Reise mit nach Hause genommen haben. Natürlich haben wir unheimlich viele Länder gesehen, Kulturen kennengelernt, Wertesysteme verglichen, unsere Vorstellungen mit der Realität abgeglichen, Menschen getroffen, Abenteuer erlebt, Herausforderungen angenommen – und erfolgreich gemeistert. Oder auch mal nicht. All das ist unbezahlbar und kann uns niemand nehmen.

Doch das Beste unserer Reise ist etwas anderes: Wir haben gemeinsam in der Mitte unseres Lebens Zeit bewusst gelebt, sie wertschätzend und intensiv gestaltet, voller Dankbarkeit und Freude. Vielleicht ist dies das schönste Geschenk, das wir uns je gemacht haben.

Es ist Spätsommer 2017 und wir haben gerade die erste gemeinsame Flugreise seit unserer Rückkehr unternommen. Wir besuchen Freunde auf Malta, feiern eine Hochzeit – und gestalten uns einen ganz gewöhnlichen Urlaub, wie man das eben so macht. Vor etwa zwei Jahren sind wir nach Deutschland zurückgekehrt. Etwa zwei Jahre trennen uns von unserer abenteuerlichen Zeit unterwegs in der Welt, in der Freiheit, mit dem Truck auf der Straße.

DOCH WIE FÜHLT ES SICH NUN AN, IN DEUTSCHLAND, IM ALLTAG, ZURÜCK IM NORMALEN LEBEN?

Selbstverständlich haben wir uns in den letzten Monaten der Rückreise immer wieder mit den Gedanken – und auch mit den Ängsten –, die wir mit dem Ankommen verbunden haben, auseinandergesetzt. Ein Leben in Deutschland? Können wir das überhaupt noch? Einer regelmäßigen Beschäftigung nachgehen? Uns in den Alltag einfügen? Früh aufstehen? In statischen vier Wänden wohnen? Uns übers Wetter aufregen? Oder wollen wir nach drei Tagen der Wiedersehensfreude am liebsten gleich wieder los? Da waren diese Momente, in denen sich das Losfahren als echte Option anfühlte. Aber sie vergingen wieder. Während unseres Roadtrips war nicht immer ganz klar, ob wir »so schnell« zurückkommen. Die Reise hatte zu jeder Zeit ein Open End. Und es gab zwischenzeitlich auch Pläne, noch länger in der Ferne zu bleiben. Im Rückblick war es uns wichtig, dass unsere Reise ein ganz natürliches Ende fand. Nicht geprägt von einem Vertrag mit einem Arbeitgeber oder dem Ende eines Untermietvertrags, und auch unsere Konten waren noch nicht platt. Im Gegenteil, wir hatten weitaus weniger Geld benötigt als gedacht.

Es gab einen bewussten Zeitpunkt, an dem wir »angekommen« waren – angekommen am Ende dieser Reise. Fernweh, Reiselust und Abenteuerlust wichen dem Vermissen von Freunden und Familie und dem Gefühl, wieder etwas anderes tun zu wollen. Die finale Entscheidung für die Heimkehr fiel an einem wunderschönen, einsamen, weißen Strand in Thailand. Vielleicht war es ein man-muss-gehen-wenn-es-am-schönsten-ist-Gefühl.

Allerdings wollten wir eine zu schnelle Rückkehr und den dadurch unvermeidbaren Kulturschock vermeiden und so haben wir damals eine wichtige Entscheidung getroffen: Wir rollen langsam nach Hause. Also haben wir uns für die Heimreise sechs Monate Zeit gelassen, wertvolle Monate der Reflexion, des Innehaltens, der Vorfreude und des Abschiednehmens. Wichtig war diese langsame Rückreise auch, um uns mit unserer Angst auseinanderzusetzen. Wir hatten Angst vor den emotionalen Überwältigungen und vor den faktischen Gegebenheiten. Wir hatten die Hosen gestrichen voll – vielleicht noch voller als vor unserer Abfahrt.

Und dann kam doch alles ganz anders. Das Ankommen gestaltete sich für uns beide wesentlich geschmeidiger und schöner als erwartet. Getragen von der Wiedersehensfreude unserer Familien und Freunde, einem sensationellen Willkommenfest, vielen besinnlichen Abenden, leckeren Speisen und Getränken und vielem Entdecken von Altbekanntem und Staunen über Vermisstes erlebten wir erst einmal berauschende, äußerst emotionale Wochen.

Die ersten zwei Monate nach unserer Ankunft haben wir nicht gearbeitet. Wir gaben uns voll und ganz der Wiedereingliederung, der Wohnungssuche und der Organisation unseres neuen Lebens hin. Langsam starteten wir wieder ins Arbeitsleben. Doch wir haben

uns nicht in den Alltag und in die gewohnten Mühlen unserer Vergangenheit zurück katapultiert. Peter hat eine 180-Grad-Drehung vollzogen, seinem alten Leben im Unternehmen den Rücken gekehrt und eine neue Ausbildung begonnen. Und auch ich habe endlich den Schritt gewagt, meinem Agenturleben »Servus« zu sagen und bin seit diesem Zeitpunkt als freischaffende Designerin tätig.

Auch unsere Wohnsituation war zu Beginn alles andere als alltäglich. Wir haben tatsächlich die ersten sieben Monate bei Peters Mutter im Souterrain (man könnte es auch Keller nennen) gelebt. Nicht gerade das, was wir uns gewünscht haben, doch nach über zwei Jahren auf sieben Quadratmetern kam uns der Keller mit eigenem Bad und Waschmaschine mehr als ausreichend vor.

Was wir uns von der Reise mitgenommen haben, ist, im Hier und Jetzt zu leben. Wir versuchen, uns weniger Sorgen über die Zukunft zu machen und jeden Tag mit Freude über das Gegebene und das Gewesene zu begehen. Wir leben einfacher als vorher. Unsere jetzige Wohnung ist kleiner als unsere beiden Wohnungen zuvor, wir besitzen weniger, wir kaufen weniger. Manche Dinge haben für uns an Wert verloren, andere an Wert gewonnen.

Das Schönste jedoch, das ziemlich genau zehn Monate nach unserer Ankunft in München Teil unseres Lebens wurde, ist unsere Tochter Frida.

UNSER WUNDER.
UNSER GRÖSSTES GESCHENK.

Und nun erleben wir die spannendste Reise unseres Lebens – unser Leben zu dritt. ◊

PRAXISTIPPS

Wir packen aus

Wie hoch waren unsere Kosten, welche Dinge brauchten wir wirklich und wo haben wir besonders gerne angehalten?

Jede Reise ist anders. Jede Reise hat ihre eigenen Gründe, ihre eigenen Herausforderungen und ihre eigenen Ziele. Manche starten alleine, andere bevorzugen eine Gruppenreise oder die Begleitung eines Freundes. Die einen lassen es krachen, andere reisen mit wenig Budget, manch einer kehrt früher um, ein anderer bleibt länger.

Was so eine Reise kostet, kann deshalb nie pauschal gesagt werden. Wir haben vorab viel recherchiert, haben Bücher und Blogs gelesen, haben mit Menschen gesprochen, die uns etwas berichten konnten, haben Tabellen studiert, Pläne gemacht (und wieder verworfen) und uns in monatelanger Vorbereitung durch einen Dschungel an Informationen gekämpft.

Nun möchten wir all das mit euch teilen. Die Informationen, Erfahrungswerte und Zahlen zeigen unsere Finanzierung und die Lebens- und Reisekosten je nach Land sowie die wichtigste Ausrüstung und die Stellplätze, die wir von Herzen empfehlen können.

Gute Reise!

AUSGABEN

Unsere Finanzierung

1000 Euro pro Monat zu zweit – so hoch waren unsere Reisekosten im Durchschnitt.

Wie groß die Unterschiede je nach Land waren, ist in der Tabelle aufgeführt – wie ihr sehen könnt, gehen die Kosten extrem auseinander. Während unserer 30-monatigen Reise haben wir gemeinsam etwa 60 000 Euro ausgegeben. Die höchsten Kostenfaktoren waren der Diesel, die Verschiffungen und die Flüge. Das zeigt, dass man einen Roadtrip deutlich günstiger gestalten könnte, zum Beispiel mit einem kleineren Auto oder einer Route, die ausschließlich über Land führt.

Gearbeitet haben wir während der Reise ganz bewusst nicht – zumindest nicht für Lohn. Das Reisen sollte im Vordergrund stehen. Dennoch haben wir unerwartet fast 7000 Euro durch den Verkauf von Reisefotografien und Texten verdient.

VOR DER REISE (Ausgaben jeweils für zwei Personen)

DER UNIMOG (wurde nach der Reise für einen ähnlichen Betrag wieder verkauft) .... 35 000 Euro

VORBEREITUNGS- UND ANSCHAFFUNGSKOSTEN .... 7500 Euro

Impfungen: Hepatitis-Kombi, Tollwut, Gelbfieber, Typhus, Jap. Enzephalitis, Malaria-Stand-by-Präparat

Behördliches: Indisches Visum, zweiter Reisepass, Passbilder

Ausrüstung: Outdoor-Küche, Klappfahrräder, Straßenkarten und Reiseführer für alle geplanten Länder, Funktionskleidung, Wanderschuhe, Laptop-Zubehör, Kamera, Essensvorräte, Medikamente, Druckluftpistole, Gastgeschenke

Für den Unimog: Ersatzteile als Back-up (größter Anteil), Flüssigkeiten fürs Fahrzeug, Werkzeuge, Elektronik, Voltmeter, Batterielader, Stecker, Adapter, Antennen, Stahlseile, Sicherungen, LKW-Abschleppseil und Reifenreparatur-Set, Einrichtung und Ausstattung der Wohnkabine (z. B. Geschirr), Handbücher

WÄHREND DER REISE (Ausgaben jeweils für zwei Personen)

LAUFENDE KOSTEN IN DEUTSCHLAND (30 Monate) .... 4000 Euro

KFZ-Versicherung für den Unimog, Steuern, Private Rentenversicherung, Haftpflichtversicherung, ADAC (Mitgliedschaft, Carnet de Passage), Anwartschaft der Krankenversicherung

FLÜGE (Sri Lanka, Bali, Südkorea und Nepal) .... 1500 Euro

GRUPPENREISE MYANMAR .... 1300 Euro

VERSCHIFFUNGEN .... 8400 Euro

Bandar Abbas-Dubai: 900 Euro, Dubai-Mumbai: 2500 Euro, Singapur-Wladiwostok: 5000 Euro

ERSATZTEILE & LIEFERUNGEN (inkl. Versand und Werkstatt) .... 8000 Euro

LEBENSHALTUNGSKOSTEN (u. a. Diesel, Essen, Kultur, lokaler Transport) .... 29 930 Euro

01/ Italien & Balkan .... 1800 Euro
02/ Balkan .... 1800 Euro
03/ Türkei .... 1300 Euro
04/ Türkei & Iran .... 1000 Euro
05/ Iran & V.A.E. & Oman .... 1150 Euro
06/ Oman & V.A.E. & Sri Lanka & Indien .... 1300 Euro
07/ Indien .... 350 Euro
08/ Indien .... 530 Euro
09/ Indien .... 700 Euro
10/ Indien & Nepal .... 750 Euro
11/ Nepal .... 850 Euro
12/ Nepal (Annapurna Trek & Visa) .... 1200 Euro
13/ Nepal .... 800 Euro
14/ Nepal & Indien .... 850 Euro
15/ Indien (Kaschmir & Ladakh) .... 700 Euro
16/ Indien (Kaschmir & Ladakh & Spiti) .... 650 Euro
17/ Indien (Spiti) .... 300 Euro
18/ Indien .... 1100 Euro
19/ Indien & Myanmar & Thailand .... 1150 Euro
20/ Thailand & Kambodscha .... 1250 Euro
21/ Thailand .... 900 Euro
22/ Thailand & Laos .... 900 Euro
23/ Thailand & Malaysia .... 900 Euro
24/ Malaysia .... 650 Euro
25/ Malaysia & Singapur & Indonesien .... 1200 Euro
26/ Indonesien & Singapur & Südkorea & Russland .... 1900 Euro
27/ Russland .... 1000 Euro
28/ Mongolei .... 850 Euro
29/ Mongolei & Russland .... 1100 Euro
30/ Russland & Lettland & Litauen & Polen & Tschechien .... 1000 Euro

PACKLISTE (FÜR ZWEI PERSONEN)

Unser Gepäck

Was nimmt man mit, wenn man viele Monate unterwegs sein wird? Da wir unser kleines Heim dabeihatten, konnten wir beim Packen großzügiger sein als Rucksackreisende. Dennoch kann man auf so viele Dinge verzichten! Was sich im Laufe der Reise als wirklich praktisch erwiesen hat, haben wir hier aufgelistet.

KLEIDUNG & TEXTILIEN

- ☐ Sommer- und Winterkleidung
- ☐ Wanderschuhe & Stöcke
- ☐ Hijab für den Iran
- ☐ Große Reisetaschen
- ☐ Tragetaschen, Rucksäcke, Brustgürtel
- ☐ Bettzeug, großes Moskitonetz
- ☐ Zusätzliche Schlafsäcke

ELEKTRONIK

- ☐ Mobiltelefone, 12V-Ladegerät
  Kamera & Ladegerät, Speicherkarten
- ☐ Laptop & Ladegerät, externe Festplatte
- ☐ Internationale Adapter
- ☐ Navi mit Software für alle relevanten Länder & Ladegerät
- ☐ Taschenlampe, Akku

CAMPING

- ☐ Vorzelt
- ☐ Zwei Klappstühle & ein Campingtisch
- ☐ Gaskocher, Grill, Außenbeleuchtung (Solar)
- ☐ Zwei Klappfahrräder, Luftpumpe, Ersatzreifen
- ☐ Faltbare Spüle für außen

PAPIERE

- ☐ Reisepässe und Zweitpässe
- ☐ Impfpässe, Blutgruppenausweis
- ☐ Führerschein, internationaler Führerschein
- ☐ Kreditkarten
- ☐ Bargeld (auch US-Dollar)
- ☐ Mehrere Passbilder (auch mit Hijab)
- ☐ Kopien aller Dokumente auf einem USB-Stick
- ☐ Adressbücher
- ☐ Notfallnummern für Versicherungen, Banken etc.
- ☐ Fake-Geldbeutel mit Spielgeld & ungültigen Karten
- ☐ Reiseführer & Straßenkarten für alle geplanten Länder
- ☐ Tagebücher

FAHRZEUG

- ☐ Keilriemen
- ☐ Bremsflüssigkeit
- ☐ Handbücher
- ☐ LKW-Wagenheber
- ☐ Hi-Lift-Jack
- ☐ Sandbleche
- ☐ Ersatzkanister
- ☐ Alle vorhandenen Schrauben
- ☐ Getriebeöl
- ☐ Werkzeugkasten
- ☐ Arbeitslampen
- ☐ LKW-Plane
- ☐ Ölwanne
- ☐ Ölpumpen
- ☐ Verbandskasten
- ☐ Notstromgenerator
- ☐ Reinigungsbenzin
- ☐ Mittel gegen Dieselpest (falls Diesel-Fahrzeug)
- ☐ Arbeitshandschuhe
- ☐ Schaufel
- ☐ Schläuche
- ☐ Dichtungsmaterial
- ☐ Silikon
- ☐ Unmengen WD-40
- ☐ Kabelbinder
- ☐ Ersatzfedern
- ☐ Bremsventil
- ☐ Ersatzreifen
- ☐ LKW-Reifenreparatur-Set
- ☐ LKW-Abschleppseil

FAHRZEUG

Unser Unimog

Da wir nicht jahrelang geplant und abgewägt hatten und schnell loswollten, suchten wir nach einer bezahlbaren und vor allem robusten Gesamtlösung. Ein Unimog wird uns locker bis nach Nepal bringen, dachten wir. Aber am wichtigsten war, dass wir uns darin wohlfühlen. Unseren Truck erwarben wir spontan und aus dem Bauch heraus. Und wir haben es nie bereut! Etwa sechs Monate wurde optimiert, angepasst und erneuert, bis das *Glaarkshouse* bereit für die Abfahrt war.

Informationen zu den Verschiffungen, den Beschaffungen der Visa, den schwierigen Grenzübergängen und der Durchquerung von Myanmar findet ihr auf unserer Website *glaarkshouse.com*.

- ◊ Mercedes-Benz Unimog 435 U 1300 L (OM 353) Baujahr 1986, 126 PS, 5700 Kubikcentimeter
- ◊ Dieseltanks mit 2 x 140 Liter (+ 12 Reservekanister)
- ◊ 4WD jederzeit zuschaltbar, alle Differenzialsperren wählbar
- ◊ Wattiefe 1,2 Meter
- ◊ Leer: 5,7 Tonnen Zulässiges Gesamtgewicht: 7,5 Tonnen
- ◊ Länge: 6 Meter, Breite: 2,3 Meter, Höhe: 3,45 Meter
- ◊ Ein Reserverad
- ◊ Wohnmobilzulassung
- ◊ 150 Liter Frischwasser
- ◊ Separater Nassbereich mit Dusche, Waschbecken und Toilette
- ◊ Zweiflammiger Gasherd und ein Spülbecken
- ◊ 2 x 5 Kilogramm Gasflaschen
- ◊ Kühlschrank
- ◊ Webasto Air Top EVO 5500 Standheizung
- ◊ Bordelektrik mit 12 Volt und 24 Volt
- ◊ 4 x 125 Watt Nease Solar Panels (polycrystalline)
- ◊ 2 x 150 Amperestunden Gelbatterien
- ◊ Externer Generator

JUST
MARRIED
JUST
MARRIED

DIE SCHÖNSTEN STELLPLÄTZE

Unsere Lieblingsorte

Während unserer Reise haben wir an so vielen Orten übernachtet, dass wir hier nur jene auflisten möchten, die ganz besonders (oder extrem praktisch) waren.

EUROPA

BASSANO, ITALIEN

Bassano del Grappa / Campingplatz
N 45° 47.033', E 11° 43.9'
Ein Bauernhof (Agriturismo), Spargelfelder, Obstbäume und rundherum Berge, die das Brentatal ausmachen. 10 Euro pro Nacht inkl. Dusche.

BOHINJ, SLOWENIEN

Lake Bohinj / Camp Zlatorog
N 46° 16.754', E 13° 50.221'
Der See war Ende Mai noch bitterkalt, aber die Aussicht ist ein Traum und die Wandermöglichkeiten auf den umliegenden Gipfeln sind sehr vielfältig. Von den Duschen und Toiletten bitte nicht zu viel erwarten! Der Gastgeber macht einen sensationellen Cappuccino.

ULCINJ, MONTENEGRO

Ulcinj / Campingplatz
N 41° 54.12', E 19° 16.26'
Direkt am Strand gelegen, ist der Campingplatz ein lustiges Durcheinander von Sanddünen und Bäumen. Wir waren vor der Hauptsaison da und teilten uns mit vier weiteren Personen den großen, eher verwilderten Platz. Sehr ruhig, sehr gelassen.

OHRIDSEE, MAZEDONIEN

Freier Stellplatz direkt am Ohridsee
N 40° 55.437', E 20° 46.059'
300 Meter weiter ist ein Campingplatz, der aber nicht zu empfehlen ist. Wir standen direkt am See und blickten auf das spiegelglatte Wasser.

TÜRKEI

EREGLI

Freier Stellplatz direkt am Strand
N 41° 19.68', E 31° 28.08'
Wir haben ein bisschen überlegt, ob wir die Koordinaten dieses Stellplatzes preisgeben sollen. Zu schön ist die Bucht, zu sauber das Wasser, zu gastfreundlich waren die vielen lieben Menschen, die uns jeden Tag mit Geschenken überrascht haben. Doch zu schade wäre es, wenn nicht auch ihr dieses kleine Stück

Paradies entdecken und die Menschen dort kennenlernen könntet.

GÖREME, KAPPADOKIEN

Panoramacamping
N 38° 38.82′, E 34° 49.38′
Wenn man dem nächtlichen Trubel in Göreme aus dem Weg gehen möchte, ist das ein absolut empfehlenswerter Platz mit großartiger Aussicht auf die surrealen Gesteinsformationen Göremes. Absolut ruhig gelegen, nur fünf Gehminuten von der Stadt entfernt und wenn man rechtzeitig aufsteht, sieht man die unzähligen Heißluftballons, die hier jeden Morgen in den Himmel steigen. Allein dafür lohnt es sich.

ERZURUM (Hier bekommt man das Iran-Visum)

Gebührenpflichtiger Parkplatz mitten in der Stadt ohne Ausstattung
N 39° 54.317′, E 41° 15.664′
Einfach nur praktisch um Erzurum zu erkunden oder Visumsangelegenheiten für den Iran zu klären. Keine Sorge wegen der Durchfahrtshöhe, es gibt eine zweite Einfahrt.

DOĞUBEYAZIT

Murat Camping
N 39° 31.268′, E 44° 7.552′
Der Campingplatz war früher ein bekannter Overlander-Treff vor der iranischen Grenze. Als wir dort waren, war kaum etwas los. Er liegt wunderschön und Murat hat immer einen guten Tipp für die Weiterreise parat.

IRAN

SAREYN

Gebührenpflichtiger Parkplatz ohne Ausstattung
N 38° 9.0′, E 48° 4.38′
Mittendrin und doch recht ruhig, wenn man etwas abseits parkt. Die Stadt ist ein großes Schauspiel und eigentlich ein einziger Campingplatz.

LAVANDEVIL

Iranisches Strandbad mit Campingmöglichkeit, Trinkwasser und Toiletten
N 38° 18.585′, E 48° 52.72′
Es ist unfassbar lustig dort! Mittendrin statt nur dabei kann man iranische Familien- und Picknickkultur erleben. Nicht zu vergessen die Badekultur – Männer und Frauen baden strikt getrennt.

MASULEH

Inoffizieller, kostenloser Campingplatz mit Toiletten und Spülbecken
N 37° 9.267′, E 48° 59.680′
Ein gemütlicher Stellplatz, der vier Gehminuten von der idyllischen Terrassenstadt entfernt ist. Man steht hier, wie üblich, von mindestens 25 Zelten umzingelt auf einer ebenen Fläche in einem wunderschönen Tal. Im Hochsommer ist es kühl dort!

TEHERAN

Imam Chomeini Mausoleum
Gebührenpflichtiger Parkplatz (für Einheimische, Touristen zahlen nichts, wie so oft im Iran) mit Trinkwasser, Toiletten und Spülbecken
N 35° 33.138′, E 51° 22.176′
Ein riesiger Parkplatz 29 Kilometer von Teheran City entfernt, der sich gegen Abend in einen Zeltplatz verwandelt.

ESFAHĀN

Gebührenpflichtiger Parkplatz mitten in der Stadt mit Trinkwasser und Toiletten
N 32° 38.763′, E 51° 39.975′
Praktischer als auf diesem Parkplatz geht es nicht in Esfahān. Man geht einmal um die Ecke und ist auf der Hauptstraße. Nachts ist man dort mutterseelenallein, aber bewacht.

NA'IN

Kostenloser Parkplatz neben der Moschee mit Toiletten und Spülbecken
N 32° 51.839′, E 53° 5.793′
Und dazu gibt es auch noch Trinkwasser zum Auftanken. Nicht ruhig!

GARMEH, WÜSTE DASHT-E KAVIR

Freier Stellplatz an einer Trinkwasserquelle
N 33° 31.895', E 55° 2.274'
Man parkt mitten in einer Oase, umgeben von Dattelpalmen, holt sich das Trinkwasser direkt an der Quelle und wenn man ein bisschen Zeit übrig hat, setzt man sich in einen der natürlichen Pools und lässt sich von den Putzerfischen die Hornhaut abknabbern. Und nachts genießt man den Sternenhimmel in der Wüste. Traumhaft!

FARAHZAD

Freier Stellplatz mit Trinkwasser und Toiletten
N 34° 5.7', E 54° 47.1'
Wenn man nach Mesr ein bisschen weiter durch den Sand fährt, findet man diese Bilderbuch-Oase mitten in der Wüste, die von Landwirtschaft und einem kleinen Guesthouse lebt. Idyllisch! Unser Nachbar kochte für uns.

YAZD

Freier Stellplatz mitten in der Stadt
N 31° 54.340', E 54° 22.225'
Yazd ist eine sehr schöne Stadt, in der man mit dem Auto nicht sehr viel Spaß hat – schon gar nicht mit einem 7,5-Tonner. Wir waren sehr froh, als wir das *Glaarkshouse* irgendwie hinein bugsiert hatten.

PERSEPOLIS

Gebührenpflichtiger Parkplatz mit Trinkwasser und Toiletten
N 29° 56.134', E 52° 53.033'
Wie so oft im Iran wurde es gerade dunkel, als Heerscharen von Wurfzelten über uns herfielen. Man ist hier definitiv nicht allein – es ist aber sehr unterhaltsam.

SHIRAZ

Gebührenpflichtiger Parkplatz ohne Ausstattung
N 29° 37.246', E 52° 32.52'
Praktisch gelegen, mitten in der Stadt in einer ruhigen Seitenstraße, gegenüber von der Polizeikaserne.

BANDAR ABBAS

Gebührenpflichtiger Parkplatz ohne Ausstattung
N 27° 10.616', E 56° 16.733'
Ein riesiger Platz, der sich direkt am Meer und gegenüber vom Bazar befindet. Wir haben aber nur eine Nacht im Auto durchgehalten, dann sind wir ins Hotel mit Klimaanlage. Es war einfach zu heiß!

OMAN

YITI

Freier Stellplatz unter satten Bäumen
N 23° 31.985', E 58° 40.78'
Wenn man 100 Meter läuft, ist man an einem wunderschönen Sandstrand. Wer ein bisschen Offroad fahren möchte, kann bis zum Strand fahren und dann weiter zu den Klippen fahren.

WADI TIWI

Freier Stellplatz im Flussbett
N 22° 49.117', E 59° 15.286'
Ein sehr idyllischer Platz inmitten des Wadis. Unbedingt fragen, ob trotz Dürre Wasser runterkommen kann! Das ist eine typische Gefahr von Wadis. Mit kleineren Autos (kleiner als 7,5-Tonner) kann man auch noch sechs Kilometer weiter aufwärts des Wadis fahren. Dort soll ein Parkplatz sein. Durch das Tal weht immer eine leichte Brise.

»UNSER STRAND«

Freier Stellplatz direkt am Strand
N 22° 20.4', E 59° 48.96'
Hier wären wir beinahe hängengeblieben. Tagsüber Vögel, Delfine, Krabben und Ziegen beobachten und nachts Schildkröten beim Eierlegen bewundern. Eingerahmt von absolut unberührter Natur standen wir hier mehrere Tage und genossen das *Glaarkshouse on the beach*. Nur manchmal wurde die Ruhe kurz unterbrochen: Wenn die Kids aus dem drei Kilometer entfernten Dorf vorbeikamen, um Hallo zu sagen. Oder die Fischer, die uns frisch gefangenen Thunfisch fürs Abendessen schenkten.

VEREINIGTE ARABISCHE EMIRATE

AL-'AIN

Kostenloser Parkplatz am Gipfel des Jebel Hafeet
N 24° 3.5', E 55° 46.615'
Man fährt rund zwölf Kilometer hinauf und darf dann einen atemberaubenden Ausblick bis in den Oman genießen. Wie so oft in den V.A.E. ist alles klinisch sauber und rein und auch ein bisschen langweilig. Bis auf die Nacht, da wird hier Party gemacht. Oder besser gesagt: Die Inder aus Kerala machen hier Party!

INDIEN

MUMBAI

Mitten in der Stadt
N 18° 56.092', E 72° 50.522'
Ein perfekter Stellplatz für Hafenangelegenheiten in Mumbai, der in der Nähe des Indira Port in einer ruhigen Wohn- und Geschäftsgegend gelegen ist. Kleine Geschäfte und Märkte sind in der Nähe. Nachts ist es sehr ruhig. Viele Sehenswürdigkeiten sind zu Fuß erreichbar.

AGONDA, GOA

Am Südende des Strandes
N 15° 1.823', E 73° 59.399'
Agonda Beach ist wohl der bekannteste Overlander-Stellplatz in Indien. Jeder Reisende, der sich auf dem Hippie-Trail befindet, kennt ihn. Wir haben ihn ruhig und friedlich erlebt. Im Dorf findet man alles, was man braucht. Man kann sich hier so richtig erholen. Sonntags feiern (und trinken) hier viele einheimische Busgruppen - da kann es (sehr) laut werden. Ansonsten teilt man sich den Platz nur mit Kühen, Hunden, Krähen und Schweinen. Vorsicht mit der Wagenhöhe: Bei der Fahrt durchs Dorf müssen hohe Trucks wie so oft die Stromkabel anheben!

KERI BEACH (auch Querim Beach)

Direkt am Strand
N 15° 42.55', E 73° 41.566'
Im Norden Goas waren die Strände oft furchtbar überlaufen, schmutzig und laut. Keri Beach ist der letzte Strand im Norden und noch relativ einsam. Wir standen direkt neben den Lifeguards, die uns Wasser für den Tank spendiert haben.

BEI HAMPI

Im Feld neben Tempeln
N 15° 18.183', E 76° 29.633'
Wir konnten aufgrund eines Festivals nicht in Hampi Bazaar parken, dafür haben wir ein friedliches Plätzchen auf der anderen Flussseite gefunden, von dem aus wir entspannt mit den Rädern hinfahren konnten.

IM TADOBA NATIONALPARK

Mitten auf einer Kuhwiese
N 20° 11.366', E 79° 19.433'
Etwa ein Kilometer entfernt vom Murhali Gate im Tadoba Tiger Reserve war es so friedlich und idyllisch, dass wir zwei Nächte geblieben sind.

KHAJURAHO

Auf dem Cricketfeld
N 24° 50.539', E 79° 55.5'
In Fußnähe zu den Tempelanlagen standen wir hier zwei Tage. Kinder und Kühe tummelten sich auf dem Feld - ein buntes Treiben.

HILLTOP HOTEL AGRA

Zentral im Hof eines kleinen Hotels
N 27° 9.763', E 78° 1.369'
Ein grünes Fleckchen mitten in Agra - das Hotel ist nichts Besonderes, aber der Platz im Hof ist ruhig und kostet 200 Rs pro Nacht. Es gab kühles Bier, Toiletten, Tankwasser und Strom. Mit der Fahrradrikscha waren wir in zehn Minuten am Taj Mahal.

DELHI
Parkplatz am Nehru Park
N 28° 35.569', E 77° 11.533'
Hier im Botschaftsviertel ist es nachts vollkommen ruhig, obwohl es sich mitten in der Stadt befindet. Es ist sauber, auch die Toiletten.

AMRITSAR
Mrs. Bhandari's Guesthouse
Ein wunderschönes altes Guesthouse, das sich für Overlander gut eignet und 500 Rs pro Nacht kostet inkl. Duschen, Toiletten, Pool, Trinkwasser und Wi-Fi. Sehr gutes Essen! Während der Monsunzeit bieten sich auch die hübschen Zimmer an.

SRINAGAR
Swiss Hotel
Ein Overlander-freundliches Guesthouse, das von Rouf geführt wird. Wir mussten nichts bezahlen und standen vier Tage dort mit kostenloser Dusche, Toilette, Wi-Fi und schöner Atmosphäre.

LEH
Goba Guesthouse
N 34° 10.232', E 77° 34.464'
Ein traumhaftes Guesthouse mit etwas engem Parkplatz, doch man darf den zauberhaften Garten mitbenutzen. Es gibt Duschen, Toiletten und Wi-Fi für 50 bis 100 Rs pro Nacht. Sehr nette Familie!

KAZA
Am Fluss
N 32° 17.499', E 77° 59.503'
Ein herrlicher Campingplatz mit Toiletten und Tea Stall – Overlander bezahlen nichts.

TABO
Im Garten des Tashi Khangsra Guesthouse
N 32° 5.537', E 78° 22.931'
Wir durften kostenlos in dem ruhigen Garten stehen und die Duschen und Toiletten sowie den Waschplatz und das Trinkwasser frei nutzen. Der Weg zu dem beeindruckenden alten Kloster Tabo dauert zu Fuß zwei Minuten und lohnt sich für die Puja um sechs Uhr morgens.

VARANASI
Surya Hotel
N 25° 20.448', E 82° 58.746'
Mit 600 Rs pro Nacht ist das ein teurer Stellplatz, jedoch sind Pool, Toiletten, Duschen und Trinkwasser inklusive. Das Wi-Fi kostet extra. Eine schöne Ruheoase!

LOKTAK LAKE BEI IMPHAL
Auf einer Anhöhe am See
N 24° 31.234', E 93° 48.434'
Hier hatten wir uns vorab mit einigen Leuten, mit denen wir Myanmar durchquert haben, getroffen. Gute Stimmung und wunderschöne Aussicht!

MOREH
Auf einem Polizeihof an der Grenze zu Myanmar
N 24° 14.849', E 94° 18.251'
Man bat uns höflich, auf dem Polizeihof zu schlafen, da es sonst zu gefährlich wäre. Alle Overlander der Myanmar-Gruppe haben sich hier getroffen. Rundherum gab es Toiletten und ein paar Shops. Die Grenze nach Tamu ist nur wenige hundert Meter entfernt.

NEPAL

BARDIA-NATIONALPARK
Eco-Lodge
Liegt nahe der Wildlife-Lodge. Im Preis von 150 Rs pro Nacht sind die Eco-Duschen und Toiletten inbegriffen, das Wi-Fi ist kostenlos. Die Lodge organisiert Jungle-Walks. Auch wenn wir nicht viele Tiere gesehen haben, hat es großen Spaß gemacht.

BEI LUMBINI (Geburtsort von Buddha)
Im Wald
N 27° 34.663', E 83° 15.293'
Etwa zehn Kilometer vor Lumbini liegt ein friedlicher, idyllischer Wald. Nachts kam die Polizei, die aber nur neugierig war und uns ihren Standort mitteilte, falls etwas sein sollte. Sehr entspannt!

TANSEN

Parkplatz auf einem kleinen Plateau
N 27° 52.349', E 83° 32.114'
Was die Aussicht betrifft, ist das wohl einer der beeindruckendsten Stellplätze: Das unglaubliche Annapurna-Massiv liegt direkt vor der Nase! Deshalb sind wir gleich zwei Nächte geblieben. Man muss durch den ganzen Ort fahren, dann liegt der Platz kurz vor dem Sreenagar Hotel auf etwa 1400 Meter Höhe.

PAME / POKHARA

Overlander-Camping
N 28° 14.163', E 83° 54.407'
Der Overlander-Stellplatz schlechthin in Nepal! Aus Pokhara kommend, liegt er etwa neun Kilometer weiter. Die Straße ist allerdings sehr schlecht. Der Schweizer Erich pflegt den Stellplatz liebevoll – Duschen, Wasser, Strom, Toiletten, Getränke und vor allem herrliche Ruhe sind geboten. Pro Nacht und Truck zahlt man für zwei Personen 150 Rs. Auch Langzeitparken ist möglich (falls man mal nach Hause fliegen muss).

KATHMANDU I

Bei Irvine's Workshop
N 27° 39.733', E 85° 19.670'
Irvine's Workshop ist wohl die bekannteste und beste Overlander-Werkstatt in Nepal. Wir standen hier fast zwei Wochen, während wir auf Ersatzteile aus Deutschland warteten. Irvine ist sehr hilfsbereit und kennt sich extrem gut mit europäischen Autos aus. Mit dem Fahrrad kann man alle Hotspots gut erreichen. Es gibt eine Toilette, eine Dusche und freies Wi-Fi.

KATHMANDU II

Auf einem Parkplatz
N 27° 43.084', E 85° 18.962'
Die indische Botschaft ist nur fünf Mitnuten zu Fuß entfernt. Der Platz ist direkt hinter dem *Scout Building* und nicht so leicht zu finden, die enge Einfahrt ist zwischen einer Häuserreihe hinter dem Restaurant Mela. Manche mussten 300 Rs bezahlen, wir allerdings nicht.

NAGARKOT

Fast auf dem Gipfel
N 27° 41.537', E 85° 27.606'
Fährt man im Dorf Nagarkot rechts ab und folgt der Straße, erreicht man einen kleinen Aussichtspunkt auf der linken Seite, auf dem man wunderbar parken kann. Es gibt zwei kleine Teehäuser und einen Minimarket.

ZWISCHEN POKHARA UND KATHMANDU

Hotel Annapurna
N 27° 55.749', E 83° 28.84'
Für einen Stopp zwischen Pokhara und Kathmandu kann man auf dem Hof des kleinen Hotels prima übernachten. Der Fluss lädt zum Abkühlen ein, das Essen ist wunderbar, das Parken kostet nichts.
Es gibt Toiletten und Duschen.

LAOS

NONG KHIAW

Am Bach
N 20° 32.623', E 102° 38.275'
Ein zauberhafter, etwas versteckter Platz an einem kleinen Bach, an dem sich viele Einheimische tummeln. Wir haben uns sehr wohlgefühlt.

LUANG PRABANG

Im Innenhof eines Tempels
N 19° 53.491', E 102° 08.459'
Wir haben den großen Platz gesehen und die Mönche gefragt, ob wir hier stehen dürfen. »Of course!« Er liegt super zentral, in zwei Minuten ist man bei der Bambusbrücke, die über den Fluss in die Stadtmitte führt. Es gibt Toiletten und Wasser. Dem Tempel haben wir eine kleine Spende gegeben.

THAILAND

FLUGHAFEN BANGKOK-SUVARNABHUMI

Kostenloser Parkplatz des Bicycle-Circuits
N 13° 42.66', E 100° 46.657'
Hier standen wir gleich zweimal, als wir zum Flughafen mussten. Perfekt, um jemanden abzuholen.

VOR KHAO LAK

Einsamer Traumstrand!
N 8° 49.865', E 98° 15.999'
Wir standen direkt an dem wunderschönen Strand und sind einige Tage geblieben.

KAMBODSCHA

OTRES BEACH

Privater Strand
N 10° 35.006', E 103° 32.621'
Hier haben wir entspannte Weihnachts- und Neujahrstage mit anderen Overlandern verbracht. Leider mussten wir den Strand irgendwann räumen, da der Besitzer Stress gemacht hat. Wir konnten aber Wasser, Duschen und Toiletten der benachbarten Beach Bars nutzen.

PHNOM PENH

Kostenpflichtiger, öffentlicher Parkplatz
N 11° 34.569', E 104° 55.593'
Ein großer Parkplatz neben dem Restaurant Titanic, der sehr zentral und direkt am Fluss liegt. In den umliegenden Restaurants können die Toiletten genutzt werden. Wir mussten ca. 1 Euro pro Nacht bezahlen.

MALAYSIA

PENANG

Kostenloser Parkplatz am Strand
N 5° 27.691', E 100° 13.078'
Eigentlich ein sehr schöner Platz am Strand, leider hinterlassen Picknicker recht viel Müll. Toiletten gibt es am benachbarten Hindu-Tempel.

BUTTERWORTH

Kostenloser Parkplatz am Strand
N 5° 28.343', E 100° 22.778'
Der Platz ist perfekt für eine Nacht mit Blick auf Penang. Wasser für den Tank gibt es im Park.

CAMERON HIGHLANDS, TANAH RATA

Kostenloser Parkplatz beim Forest Departement
N 4° 28.747', E 101° 22.88'
Tagsüber sind die Toiletten geöffnet, Wasser für den Tank ist vorhanden. Ein schöner Ausgangspunkt für einige Jungle-Walks, ca. 30 Minuten ist man zu Fuß auf einem idyllischen Weg durch den Wald nach Tanah Rata unterwegs.

ANMERKUNGEN

Es ist hauptsächlich in Europa schwer, einen Stellplatz zu finden, da viele Länder dicht besiedelt sind und freies Campen oft verboten ist. Ab der Türkei hat es kaum jemanden interessiert. In großen Städten ist es oft mühsam, zu parken, vor allem mit einem Truck. Daher haben wir besonders auch die schwierigeren Orte aufgelistet.

Ab **RUSSLAND** haben wir die Stellplätze nicht mehr notiert, da man hier, ebenso wie in der **MONGOLEI**, einfach überall stehen kann.
In **MYANMAR** konnten wir die Plätze nicht selbst aussuchen.

WIR SAGEN DANKE!

Als wir uns auf den Weg gemacht haben, wären wir niemals auf die Idee gekommen, ein Buch zu schreiben. Wir hatten keinerlei Ambitionen, unsere Reise professionell zu dokumentieren und haben uns trotz einiger Anfragen während der Reise dagegen entschieden, unseren Trip filmisch festzuhalten. Wir wollten das Erlebte ohne Stress im Hier und Jetzt genießen. Wir hatten kein Logo, keine Sponsoren (außer Freunde und Familie), keine Website und keine Social-Media-Strategie.

Einzig zu der Erstellung eines Blogs konnten wir uns nach wenigen Wochen durchringen – als eine Art Fotoalbum, um unsere Familien und Freunde regelmäßig wissen zu lassen, wo wir gerade sind, wie es dort aussieht und was wir erleben. So konnten wir uns in E-Mails und Telefongesprächen auf die privaten Neuigkeiten und Themen konzentrieren.

Es hat uns völlig überrascht, mit welcher Freude unsere Familien und Freunde diesen Blog gelesen, verfolgt und geteilt haben. Selbst Bekannte lasen mit – und plötzlich bekamen wir sogar Feedback und Nachrichten von Fremden aus allen Ecken der Erde. Durch das steigende Interesse an unseren Geschichten wuchs auch unsere Freude am Schreiben und es entstand der Wunsch, unsere persönlichen Erfahrungen mit anderen Leuten *on the road* zu teilen – denn schließlich hatten auch wir uns viele Tipps und Infos von Reiseblogs und Büchern eingeholt.

Und nun möchten wir an dieser Stelle einfach ganz laut **DANKE** sagen. Danke an unsere engsten Freunde und unsere Familien, ohne deren Freude an unseren Geschichten dieses Buch niemals entstanden wäre. Danke an alle Leser unseres Blogs, für die Fragen, das Interesse, das Feedback und die vielen guten Wünsche. Danke an Johannes Klaus, der durch Zufall auf unseren Blog gestoßen ist und uns in das Autorenteam der wundervollen *Reisedepeschen* und *Travel Episodes* eingeladen hat. Er hat dazu beigetragen, dass unsere Geschichten von noch mehr Lesern entdeckt wurden. Danke an Marianna Hillmer, die gemeinsam mit Johannes den Mut aufgebracht hat, den *Reisedepeschen Verlag* zu gründen, um einzigartige Reisebücher auf den Markt zu bringen. Danke für euer Vertrauen und die großartige Zusammenarbeit zwischen Berlin und München.

Wir danken unserer Lektorin Verena Simon für ihre guten Ideen und die einfühlsame Bearbeitung.

Zusätzlich möchten wir allen Menschen danken, die uns vor, während und auch nach unserer Weltreise unter die Arme gegriffen haben, ob durch gutes Zureden und Anfeuern, durch Mut machen, wenn es unterwegs mal nicht so rund lief, durch Hilfe bei Umzügen und bei der Vorbereitung, durch organisatorische Unterstützung oder durch Ersatzteillieferungen und Paketversorgungen aus der Heimat. Danke, dass ihr da seid!

Wir danken unseren Familien: Elisabeth und Hannelore, Karin und Fred, Julia und Björn mit Jason, Tine und Ricci, Peter R., Martina und Ernst. Und wir danken unseren wundervollen Freunden: Arne, Babs, Bea, Erich und Stephanie, Eva und Stefan, Flo und Heike, Gundula und Michel, Gunila und Jasmina, Hanna, Heiko und Manu, Ilse und Daniel, Katja und Micha, Lidia und Swen, Markus R., Mathias von *trac&-Mog*, Michaela und Alex, Nerina und Speedy, Oliver, Peter M., Simon, Tatjana und Markus, Tom, Thilo, Wolfi – und so vielen mehr!

Außerdem möchten wir allen anderen Reisenden danken, die uns unterwegs oder durch ihre Bücher und Blogs mit Rat und Tat zur Seite gestanden haben. Wir danken auch den Mitarbeitern von ADAC für die Unterstützung beim Versand diverser Ersatzteile an die entlegensten Orte dieser Welt. Und ein großes Danke an die unzähligen Gastgeber und herzensguten Menschen, die uns in 34 Ländern begegnet sind. Sie aufzuzählen, würde vermutlich ein weiteres Buch füllen. Ganz besonders danken wir jedoch Djavad, Lama-Ji und Kunal.

Jennifer und Peter Glas

Jennifer Glas liebt die intensiven Momente des Lebens – in der Begegnung mit Menschen, beim Wandern in der Natur, in der Erfahrung fremder Kulturen oder beim Yoga. Um mehr von diesen Momenten erleben zu können, hat sie nach ihrer langen Weltreise ihre Karriere als Kreativdirektorin an den Nagel gehängt und ist nun stets auf der Suche nach neuen Abenteuern – als Reisende, freischaffende Designerin und als leidenschaftliche Mutter.

Peter Glas konnte sich immer schon für Abenteuerliches und Neues begeistern, sei es in den Bergen beim Mountainbiken, in der Wüste beim Offroad-Fahren oder bei seiner Arbeit als Coach, Seminarleiter und Therapeut. Um die Welt noch besser kennenzulernen, hat er seinen Job als Personalleiter zurückgelassen und sich mit seiner Frau auf große Reise begeben. Und seit der Geburt seiner Tochter ist jeder Tag ein atemberaubendes Erlebnis!

Bildnachweis

Alle Fotos sind von Jennifer und Peter Glas, außer: Seite 11: Kunal Kelkar; Seite 16: Joshua Stannard; Seite 25, 27 oben rechts und unten, 36, 48, 50, 53 oben, 70, 73 rechts, 76, 78, 79, 86 oben, 87, 89 oben, 91, 108, 110, 116: Johannes Klaus; Seite 27 oben links: Marianna Hillmer; Seite 38: Ozan Safak; Seite 39: Daniel Burka; Seite 128: Varshesh Joshi; Seite 152: Padmanaba01; Seite 200: Angel Sobre DosRuedas.